동물들의 친구, 슈리 라마나

소 락슈미의 삶

슈리 크리슈나다스 아쉬람

슈리 크리슈나다스 아쉬람

Published by
V.S. Ramanan
President, Board of Trustees
Sri Ramanasramam
Tiruvannamalai 606 603, Tamil Nadu, India
(First Edition 2004)

Designed and typeset at
Sri Ramanasramam

Printed by
Sudarsan Graphics
Chennai 600 017

동물들의 친구, 슈리 라마나

소 락슈미의 삶

쁘라니 미뜨라 바가반 라마나르 지음 · 김병채 옮김

슈리 크리슈나다스 아쉬람

발행인의 주석

바가반 슈리 라마나 마하리쉬의 헌신자들이 갸니를 알아보는 방법에 관해 물었을 때 그는 대답했다. 그는 어떤 상황에서도 침착하고 동물, 새, 벌레를 포함해서 모든 살아있는 존재들에 대한 연민을 가진 이다.

바가반 슈리 라마나의 현존의 희열을 경험한 그의 헌신자들 중에는 많은 동물들이 있었다. 바가반이 그들 셋을 위해 사당을 지어주었기 때문에 사슴 발리Valli, 개 재키Jackie, 소 락슈미Lakshmi는 주목할 만하다. 그리고 바가반이 있는 곳에서는 어떤 헌신자에게도 해방이 주어질 수 있다고 믿어지기는 하지만, 바가반에 따르면 해방을 얻은 이가 락슈미와 바가반의 어머니 알라감말Alagammal이기 때문에 소 락슈미의 경우는 가장 두드러진다.

다음 이야기는 아이와 어른 모두를 위해 각색한 것이다. 몇몇 대화는 가상의 것이지만, 기본적인 아웃라인은 원래 이야기에 충실하고 락슈미의 삶에서 알려진 사건들을 따른다. 하리 하라 수브라마니안Hari Hara Subramanian의 쁘라니 미뜨라 바가반 라마나르Prani Mitra Bagavan Ramanar로부터 각색하여, 더 충실하게 근접하는 역사 기록을 위해 이 영어판에 수정, 삭제, 보충 설명이 제공되었다. 그럼에도 불구하고 따밀 버전의 대화 구성방식은 유지되었다. 바가반과 헌신자들 사이의 대화 방식으로 말해지는 락슈미의 이야기를 듣는 것에는 어떤 매력이 있기 때문에, 이 따밀 버전의 처음의 어색함이 영어권 독자들의 주의를 분산시키지 않기를 바란다.

따밀과 산스끄리뜨 용어에 있어서 도움이 필요한 분들을 위해, 페이지 하단에 간단한 설명들이 삽입되었다. 더 자세한 논의를 위해서는 135페이지에서 시작하는 용어사전을 찾아보기를 바란다.

다른 동물들과 함께 한 바가반의 삶의 일화를 포함한 이 책의 속편에 대한 준비가 이루어지고 있고, 바라건대 이번 해 말 이전에 나올 것이다. 우리 자신도 그로 인해 축복을 받을 것이라는 희망으로 이 동물과 다른 많은 동물 헌신자들의 삶을 돌아보자.

락슈미의 아르다나 Aradhana
2004년 6월 29일 화요일

슈리 라마나스라맘
프레지던트

목차

1장
송아지의 첫 방문

어느 날 밤 구디야땀 근처의 꾸마라망갈람의 따밀 도시에서 온 초라한 시골 사람이 잠을 자고 있을 때 생생한 꿈을 꾼다. 꿈에서 그는 그의 소의 다음 송아지를 바가반 슈리 라마나 마하리쉬 앞에 바치라는 지시를 받는다. 그는 충실한 사람이기에 그 꿈의 타당성을 의심하지 않는다. 그런데 이 당시 그의 한정된 자산은 슈리 라마나가 있는 띠루반나말라이로 가는, 돈이 많이 드는 여행을 허락하지 않는다. 게다가 아직 그에게는 바칠 송아지가 없다.

그러나 꿈을 꾼 지 얼마 되지 않아, 마치 신성한 명에 의해서인 것처럼, 그의 소가

임신을 하게 되고 예쁜 암송아지를 낳는다. 그로부터 얼마 후, 그의 재정 상황이 예기치 않게 호전되고, 그는 꿈의 지시를 지체 없이 이행한다. 그는 이제 슈리 바가반에게 새로 태어난 송아지뿐 아니라 어미 소까지도 바치려 한다!

그래서 슈리 바가반이 스깐다쉬람에서 신성한 아루나짤라 산기슭으로 옮긴지 4년이 지난 1926년 12월의 어느 금요일 오후, 손자를 대동한 이 이방인은 길고도 지루한 여행 끝에, 슈리 바가반이 이 헌신의 징표를 받아들여 줄 거라는 희망으로 가득 차서 도착한다.

몇몇 주민들과 아쉬람의 장기 거주자들이 홀 밖에 모인다. 그들 중에는 슈리 바가반의 수행원들 중의 한 명, 두 명의 사두, 그리고 가까운 장기 헌신자 라마나따 브람마짜리가 있다. 새로운 인물이 소 한 마리와 6개월 된 송아지를 끌고 아쉬람으로 다가오자 모두들 놀라움과 기대로 바라본다…

수행원: 오고 있는 저 사람은 누구일까요?

사두: 이 근방 사람은 아닌 것 같습니다.

수행원: 네, 낯선 사람이네요.

사두: 소와 송아지를 끌고 오고 있네요.

수행원: 소라니요!

아쉬람 주민: 오, 알겠어요! 오늘 아침 기차역에서 만난 구디야땀 사람이네요. 그의 이름은 아루나짤람 삘라이예요. 그는 바가반에 대해 물었어요. 그런데 그때는 소와 같이 있는 걸 몰랐어요.

삘라이가 다가온다…

삘라이: 나마스떼!

아쉬람 주민: 나마스떼, 선생님! 기억나세요? 오늘 아침 기차역에서 만났는데.

삘라이: 네, 기억납니다.

아쉬람 주민: 오늘 시장에서 이 소를 사셨나요?

삘라이: 아닙니다, 집에서부터 데리고 왔습니다.

아쉬람 주민: 집에서부터라니! 꽤 먼 길일 텐데! 오, 그렇군요, 그래서 오늘 아침 기차역에서 당신을 본 거군요. 기차로 그것을 옮겨 왔네요. 그것을 팔려고 띠루반나말라이에 오셨나요?

삘라이: 아닙니다.

아쉬람 주민: 그러면 바가반에게 그것을 보여주려고 오셨나요?

삘라이: 바가반에게 그것을 보여주려고가 아니라 공물로 바치려고 왔습니다.

수행원: 뭐라구요! 아쉬람에 소를 준다구요?

삘라이: 헌신자들은 그것이 이상할 것 없다고 말하던데요. 아쉬람에는 이미 원숭이, 개, 고양이, 공작, 다람쥐가 있다고 들었습니다. 소는 왜 안 됩니까!

수행원: 여기에는 소를 둘 곳이 없습니다. 바가반은 분명 그것을 거절할 것입니다.

삘라이: 그렇게 말씀하지 마십시오. 오히려 당신들 중의 한 명은 나를 대신해서 중재자 역할을 해야 합니다!

수행원: 우리가 바가반의 결정에 영향을 미칠 수 있을 거라 생각합니까?

삘라이: 하지만 분명 당신들 중의 한 명은 이런 문제에 있어서 바가반에게 뭐라고 말해야 할지를 알고 있을 겁니다.

아쉬람 주민: 저는 아닙니다. 하지만 누가 그럴 수 있는지는 알고 있습니다! (근처에 서

있는 라마나따 브람마짜리에게 주의를 돌리면서) 이 안다반*이 바가반에게 말한다면, 바가반은 분명 응할 것입니다. (라마나따가 동의하지 않으며 고개를 흔든다.)

삘라이: 그렇습니까? (라마나따에게) 선생님, 제발 바가반에게 말씀드려서 이 소와 송아지를 받아들이게 해 주시겠습니까?

라마나딴: 안다바네!** 바가반은 단지 누군가가 그렇게 해 달라고 청한다고 해서 그렇게 하지는 않습니다.

아쉬람 주민: (삘라이에게) 그건 맞습니다, 하지만 라마나따는 그냥 누군가가 아닙니다. 라마나따는 비루빡샤에서의 시간들 이후로 바가반 가까이에서 살고 있습니다.

삘라이: 정말 운이 좋군요!

아쉬람 주민: 베다 학교에서 공부하던 어린 아이일 때도 그는 바가반이 살고 있는 산에 올라가 오랜 시간 머물곤 했습니다.

라마나딴: 그건 오래전의 일입니다. 그 모든 것들이 지금 무슨 상관이 있습니까? 불가능한 일을 하려 하지 마세요!

삘라이: 당신은 어린 시절부터 바가반과 가까웠습니까?

사두: 그랬을 뿐만 아니라, 그는 항상 바가반과 함께 있습니다.

아쉬람 주민: (라마나따에게) 당신이 바가반에게 간청한다면, 그는 틀림없이 받아들일 겁니다!

마치 그가 다음에 무엇을 할지 보려는 듯이 모두 라마나따를 쳐다본다.

---

* 라마나딴은 "나의 주인이여"에 대한 따밀어인 Andavane이라는 표현을 아주 많이 사용해서 그것을 별명으로 얻었다.
** Andavan은 명사이고, Andavane는 말할 때의 형식이다.

라마나딴: (여전히 확신은 없지만 약간은 덜 반대하며) 보세요, 바가반이 원하는 대로 될 것입니다. (그리고 나서 삘라이에게) 하지만 가서 바가반에게 당신이 온 것과 당신의 의도는 알려주겠습니다.

삘라이: 고맙습니다, 선생님. 이렇게 호의를 베풀어주시니 정말 복을 받으실 겁니다!

라마나따는 바가반이 헌신자들과 함께 앉아 있는 다르샨 홀로 들어간다. 모든 사람들이 필사본을 공부하고 있는 바가반 주위에 모여 있다. 라마나따는 겸손한 자세로 엎드린 다음 애원하는 태도로 참을성 있게 바가반의 옆에 선다...

바가반: 라마나따, 말하고 싶은 것이 있는가?

라마나딴: 바가반, 바가반을 뵙기 위해 구디야땀에서 온 사람이 있습니다. 그는 아름다운 소와 송아지를 데리고 와서 바가반에게 그것을 바치고 싶어 합니다.

바가반: 소와 송아지? 우리가 소와 송아지로 무엇을 할 것인가?

라마나딴: 글쎄요... 어쩌면...

바가반: 그리고 누가 그것들을 돌볼 것인가?

라마나딴: (머뭇거리며 망설이다가) 저, 바가반... 제가... 그들을 돌볼 수 있을 것 같습니다!

바가반: 그대가! 모든 이들 중에서 라마나따가! 그대가 이미 맡고 있는 아쉬람 책무가 충분치가 않아서 이제 소까지 떠맡으려는 것인가? 그들은 우유를 짜내야 하고 하루에 두 번 먹이도 주고 씻기고 다른 허드렛일도 있을 것이다.

라마나딴: 바가반! 이런 것들은 모두 선행입니다, 그렇지 않습니까?

바가반: 차라리 그대 자신과 아쉬람을 방문하는 사람들을 돌보라. 그것이 충분히 좋

은 일이다! 게다가 그들을 어디에 둘 것인가?

라마나딴: 제가 머무는 곳에 소가 있을 곳을 마련할 수 있습니다.

바가반: 그대가 머무는 곳은 그대가 있기에도 빠듯한데 이제 거기에 소까지 넣고 싶은가? 라마나따, 이 소와 송아지에 대한 일은 우리의 일이 아니다.

라마나딴: 바가반이 옳습니다!

바가반: 이제 먼저 가거라. 나는 잠시 후에 갈 것이다.

라마나따는 엎드려 인사하고 나가서 아루나짤람 삘라이와 다른 사람들이 소와 함께 서 있는 곳으로 돌아간다...

라마나딴: (삘라이에게) 바가반에게 간청했지만 소용이 없습니다. 그는 좋은 말로 거절했습니다. 내가 달리 무엇을 할 수 있겠습니까?

삘라이: (거절을 받아들이지 못하고, 계속해서 애원한다) 당신이 바가반에게 이야기하면 그는 거절하지 않을 거라고 모든 사람들이 말합니다. 또한 당신이 바가반을 위해 시내에서 우유가 든 커피를 가지고 오곤 했다는 얘기도 들었습니다.

라마나딴: 누가 그런 것을 이야기해 주었습니까?

삘라이: 이것은 모두 당신을 아는 시내에 있는 헌신자들과 얘기하면서 들은 것입니다.

라마나딴: 오, 주여! 그들이 무슨 말을 한 겁니까? 우리가 만약 당신의 소를 받아들인다면 그 소의 우유로 커피를 만들어줄 수 있을 거라고 내가 바가반에게 말해주기를 바라는 겁니까?

바가반이 나오고 있다...

뻴라이: 안녕하십니까, 바가반! (경의를 표하며 바가반의 발에 절한다)

바가반: 무슨 일인가, 라마나따? 커피, 소의 우유 그런 것이 무슨 말인가?

라마나딴: 바가반! 이 사람은 아루나짤람 뻴라이로 소와 송아지를 데리고 왔습니다. 그는 소의 우유로 만든 커피를 바가반에게 대접하기 위해 우리에게 소가 필요하다고 지금 고집을 부리고 있습니다.

뻴라이: 바가반! 제발 이 까마데누*를 저의 공물로 받아주십시오.

바가반: 우리는 소를 둘 곳도 없고 그를 돌볼 사람도 없다. 여기 아쉬람에는 여기 있는 사람들을 위한 공간조차도 충분치가 않다!

뻴라이: (간신히 용기를 내면서) 바가반, 아쉬람의 작은 모퉁이 어딘가에 분명히 소와 송아지를 위한 공간이 있지 않을까요?

바가반: 작은 모퉁이면 충분하다고? 헛간이 필요할 것이다. 게다가, 매일 그들을 돌볼 사람도 있어야 한다.

뻴라이: 그들을 돌볼 누군가가 분명 올 것입니다, 바가반. 바라건대 필요한 것은 바가반이 생각하고 있는 장소만이 전부입니다.

바가반: (바가반은 잠시 입을 다문다) 왜 이 모든 것이 우리를 위한 것인가?

뻴라이: 저는 오랫동안 바가반에게 소를 바치기를 원해 왔습니다. 이제 저는 그렇게 할 수 있는 위치에 있습니다. 저는 엄청난 고생을 해서 배와 기차로 그것을 가져왔습니다. 제발 그것들을 받아주십시오, 스와미.

바가반: 그대는 그들을 우리에게 주는 의무를 다했다. 하지만 그들을 돌볼 사람이 누가 있는가? 그러니 그들을 데리고 가서 우리 대신 그대가 키우라.

뻴라이: (대단한 투지와 열정을 가지고) 바가반, 저는 그럴 수 없습니다! 제 목을 자른다

* 글자상으로 "소망을 이루는 자" (용어사전 참조)

해도 그것들을 가져가지 않을 것입니다!

    라마나딴: (뻴라이의 진심과 결심에 감정적으로 압도당해서) 바가반! 제가 있습니다! 제가 책임지고 이 동물들을 키우겠습니다! 맹세합니다!

    바가반: (약간 화가 나지만 그래도 재미있어하며) 좋다, 라마나따. 그렇다면 소의 목에 끈을 묶어라.

    바가반은 돌아서서 안으로 들어가며 빙그레 웃는다. 뻴라이와 라마나따는 감사하며 엎드려 절한다. 바가반이 떠난 후, 둘은 이 성공에 놀라워하며 믿지 못하여 서로 바라본다. 뻴라이는 라마나따에게 감사를 표한다. 잠시 아쉬람을 방문한 후, 뻴라이는 소와 송아지가 슈리 바가반의 발 아래에서 새 생활을 시작하기에 그들에게 작별 인사를 하고 출발한다.

2장
아쉬람 매일 방문

인도에는 "진정한 헌신에 이를 때, 신을 묶을 끈을 발견한 것이다."라는 말이 있다. 바가반에 대한 라마나따의 열정적이고 강렬한 사랑 덕분에, 바가반은 이 대단한 헌신자의 소망을 거역할 능력이 없음을 인정했다. 아루나짤람 삘라이의 진심과 고집이 요인이긴 하지만, 바가반의 가슴을 얻고 삘라이의 꿈을 이루는 데 있어 중요한 것은 라마나따의 신앙심 깊은 중재이다.

요즘의 아쉬람 주변 숲은 아주 풍요롭다. 들장미, 엉겅퀴, 산쑥 뿐만 아니라 빨미라, 야자, 빌바, 님 나무가 아주 많고 망고, 따마린드, 바나나 나무같이 최근에 경작된

과실을 맺는 나무들이 들어선다. 이 초목은 산과 주변 지역을 배회한다고 알려진 많은 표범들에게 적합한 피난처를 제공하며, 일부 아쉬람 주민들은 소와 송아지에게 매력적인 요소일 수 있다고 믿는다. 게다가 두 신참자는 바가반의 다른 "친구들"처럼 자유롭게 돌아다니는 것이 허락되기 때문에, 아쉬람 정원과 나무들에게 위협이 된다. 그래서 처음에 두세 달 동안, 소와 송아지는 라마나따의 관리와 보살핌 안에 있게 된다. 하지만 시간이 지나 라마나따에게 요구되는 많은 일들과 제대로 된 시설의 부족으로 인해, 아쉬람 거주자들은 시내에 있는 까나라족 사람에게 책임을 전가하게 된다.

변함없이 일 년이 지나고 12월의 어느 일식일에 이 관리인이 어미 소와 송아지를 데리고 아쉬람을 방문한다. 거의 다 자란 송아지는 바가반에게 관심을 기울이고, 바가반도 송아지를 쳐다본다.

바가반: 라마나따, 이것은 무엇인가? 예전에 소 한 마리와 송아지가 왔었다.

라마나딴: 바가반, 이것이 아루나짤람 삘라이가 바가반에게 공물로 바쳤던 바로 그 소와 송아지입니다. 이 사람은 그들을 돌보는 빠수빠띠 아이어입니다.

빠수빠띠: 네, 바가반. 라마나따 브람마짜리가 이 소를 제가 돌보게 맡겨주심으로써 저에게 축복을 내려 주셨으니 저는 지난 생에서 분명 좋은 평가를 받았나 봅니다.

바가반: 좋다, 아주 좋구나. 그대는 그들을 아주 잘 관리했다. 그 소는 잘 컸고 아주 아름답구나.

바가반은 소를 쓰다듬는다. 소는 신이 나서 껑충껑충 뛰고 바가반 주위를 돌다가 그의 손을 핥기 시작한다.

빠수빠띠: 보십시오! 정말 보기가 좋군요! 그것이 아주 헌신적으로 바가반 주위를 돌

고 있습니다.

바가반: "그것이 돌고 있다"고 말하지 말고, "그녀가 돌고 있다"고 말하라. 동물들도 살아있는 존재이고 실제로는 참나 또한 아니겠는가?

빠수빠띠: 용서하십시오 바가반, 말실수입니다. 바가반의 귀한 손이 이 소를 만졌습니다. 그녀는 정말로 축복을 받았습니다!

바가반: 그대는 시내에서 무슨 일을 하는가?

빠수빠띠: 저는 낙농을 하고 있습니다, 바가반.

바가반: 소를 돌보는 일은 쉬운 일이 아니다, 그렇지 않은가? 하지만 그대는 적절하게 이름이 지어졌구나. 빠수빠띠*는 쉬바 신의 이름 중의 하나이다.

빠수빠띠: 어른들이 우연히 그렇게 제 이름을 지었습니다. 지금 저는 빨리 띠르땀**으로 가는 길이었는데, 소와 그 송아지를 바가반에게 보여드리고 바가반의 다르샨을 받을 수 있을 거라 생각했습니다.

바가반과 빠수빠띠 아이어가 대화하는 동안, 락슈미가 아쉬람을 둘러보고 바가반에게 돌아온다. 빠수빠띠 아이어는 경의를 표하며 바가반에게 엎드린 다음 어미 소와 송아지를 데리고 떠난다. 바가반은 안으로 들어가고 다른 사람들은 따라간다.

라마나딴: (근처에 있는 아쉬람 주민에게) 바가반과 그 소가 서로 얼마나 골똘히 응시하는지 봤습니까?

아쉬람 주민: 네, 저는 왜 바가반이 소에게 그렇게 시선을 두고 있는지 의아했습니

* "빠수Pasu"- 네 개(또는 두 개)의 발을 가진 동물, "빠띠pathi"- 주인, 따라서 "동물의 주인"
** 라마나스라맘에 가까운 고대의 신성한 저수지(용어사전 참조)

다.

라마나딴: 저도 그런 경험을 했습니다. 제가 베다빠뜨살라[*]에서 공부하고 있을 때, 끌어당기는 듯한 바가반의 시선이 저를 향했습니다. 바가반의 연꽃 눈으로부터의 빛이 저에게 떨어진 순간, 그에 대한 사랑의 샘물이 터져 나와 저를 압도하기 시작했습니다. 저는 그와 똑같은 열정이 그 소의 눈에 가득 차 있는 것을 보았습니다. 그 둘은 어머니와 아이가 서로를 바라보는 것처럼 쳐다보았습니다.

라마나따는 바가반의 악샤라마나말라이^{**}의 시구를 부드럽게 읊조린다.

◈

자석이 철을 끌어당기듯
끊임없이 저를 끌어당겨 저와 하나가 되소서,
오, 아루나짤라!

◈

또 다른 방문

다음 날 바가반의 수행원들 중 한 명이 라마나딴, 그리고 말라얄람의 헌신자이자 슈리 바가반의 오랜 수행원인 꾼주 스와미^{***}와 함께 홀 앞에 서 있었다. 놀랍게도 어린 송아지가 아쉬람을 향해 그리고 홀 입구 쪽까지 온다. 그녀는 들어가서 마침내 바가반

---

* 베다 학교
** 바가반이 지은 아루나짤라에 대한 유명한 찬가로 108개의 시를 포함한다
*** 꾼주 스와미는 20대 초에 바가반에게 왔다

을 향해 간다.

　수행원: 무슨 일이지? 이 송아지가 어떻게 뛰고 있는지 보세요. (라마나따에게) 선생님, 이것 보세요.

　라마나딴: 오! 어제 왔던 송아지군요! (송아지에게) 무슨 일이니! 바가반을 보러 왔니?

　수행원: 혼자 왔네요. 어미는 보이지 않는데요.

　꾼주 스와미: 그녀는… 어미 소는 멀리 시내에 있습니다. 빠수빠띠 아이어가 왔는지 보세요.

　수행원: (보면서) 밖에는 아무도 없습니다.

　라마나딴: 아무도 끌고 오지 않았는데 그녀가 어떻게 시내에서 오는 길을 알았을까요?

　꾼주 스와미: (속삭이며) 저기 보세요, 송아지가 곧바로 바가반에게 가네요.

　바가반: (책을 살펴보면서, 그것을 수정하다가 송아지를 발견하고) 오, 아가야, 무슨 일이니? 여기 방문하러 온 거니?

　송아지는 바가반을 보고 기쁨에 넘쳐서 흥분해서 껑충껑충 뛴다.

　라마나딴: (꾼주 스와미에게) 그녀가 바가반을 보고 얼마나 기뻐하는지 보세요! 마치 "다시 바가반에게 돌아왔어요, 내가 돌아왔어요!"라고 말하는 것 같아요. 저기 보세요! 바가반의 손을 핥고 있네요!

　바가반: (송아지를 다정하게 쓰다듬으며) 아가야, 뭐가 그렇게 기쁘니?

　바가반은 그녀가 그의 손을 교대로 핥고 있을 때 그녀를 쓰다듬는다. 이것은 얼마 동안 계속된다. 마침내 거친 송아지의 혓바닥과 애정 어린 핥음 때문에 바가반 손의 피부는 붉어지고 따끔거린다. 한 헌신자가 이것을 보고...

헌신자: 송아지가 핥아서 바가반의 손이 붉어졌네요!

바가반: 붉어진들 어떤가? 그대로 두어라. (그렇게 말하며 바가반은 송아지를 안아주며 머리를 쓰다듬는다)

꾼주 스와미: 어미 소는 어디에도 없습니다, 바가반. 어제 왔던 사람도 없습니다.

바가반: (송아지에게) 아가야, 착한 아이처럼 잠시 여기에 있다가 네가 있는 곳으로 돌아가거라, 알겠지?

바가반은 그녀에게 바나나를 준다. 그녀는 먹으면서 바가반을 올려다본다. 그러다가 그녀는 열광을 하며 신이 나서 펄쩍펄쩍 뛰기 시작한다. 마지막에 그녀는 아쉬람 주변을 돌아다니다가, 마뜨루부뗴스와라* 앞에 와서 섰다가 마침내 떠난다.

그 날 저녁 바가반이 산책을 나가다가...

바가반: 라마나따, 어린 송아지는 어디에 있는가? 어디에서도 안 보이는군.

라마나딴: 그녀는 떠났습니다, 바가반! 분명 시내로 돌아갔을 것입니다. 하지만 그렇게 어린 동물이 끌고 오지도 않았는데 어떻게 길을 찾았는지 모르겠습니다.

바가반: 모든 동물들은 그들이 온 길과 가야 할 길을 잘 안다.

바가반은 산으로 출발한다.

---

* 어머니의 성소. 바가반의 어머니가 1922년 5월 스깐다쉬람에서 마하니르바나에 이른 후, 그녀의 유해는 아루나짤라 산기슭에 매장되었다. 이 장소 부근에서 오늘날의 아쉬람이 발전했다.

송아지가 이름을 얻다

송아지의 방문은 더 빈번해진다. 그녀는 거의 매일 아침 거의 같은 시간에 바가반을 보러 나타나서 낮 시간을 아쉬람에서 보내고, 저녁이 되면 마지못해서, 바가반의 다르샨 후에 집으로 돌아간다. 바가반의 생일 아침, 라마나따와 최근에 아쉬람 관리인으로 임명된 슈리 바가반의 동생, 찐나스와미는 다른 아쉬람 주민들과 헌신자들의 도움을 받아 준비를 하고 있다. 빠수빠띠 아이어는 잃어버린 아이를 찾는 엄마처럼 약간 당황해서 다가온다…

빠수빠띠: 오늘 아침 여기에서 송아지를 보았습니까?

라마나딴: 지금 바가반과 함께 오고 있습니다. (바가반과 송아지가 산길을 내려오고 있는 것이 보인다) 그녀는 오늘이 바가반의 생일이라는 것을 아는 것 같습니다. 그의 축복을 받으러 왔네요!

찐나스와미: 맞습니다, 라마나따, 말을 너무 많이 하지 마세요. 지금 하고 있는 일에 신경 쓰세요. 부엌에는 아직 해야 할 일이 많습니다.

찐나스와미는 떠나고 다른 사람들은 바가반과 어린 송아지가 가까이 오자 그들을 맞이하러 간다…

바가반: (송아지를 빠수빠띠에게 건네주며) 그녀가 이제 다 자랐구나, 그렇지 않은가?

빠수빠띠 아이어는 동의하며 고개를 끄덕인다.

바가반: (락슈미에게) 뭐라고! 아가라니! 이제부터 너를 "아가"라고 부를 수 없겠구나!

라마나딴: 네, 바가반! 그녀에게 이름을 주어야 합니다, 그렇지 않습니까?

바가반: 그래, 그래야지. 여기에 있는 아이들도 다 이름을 가지고 있다. 이 작은 아이에게도 이름이 있어야 하지 않을까? (잠시 쉬다가) 그녀는 금요일에 우리에게 왔다... 그녀를 이렇게 부를까.... 락슈미?

라마나딴: 바가반! 정말 꼭 맞는 이름입니다! (다른 사람들도 동의한다) 그녀는 참으로 아름답습니다! 게다가 우리는 오늘 바가반의 생일을 축하하고 있습니다... 더욱 경사스럽습니다!

바가반: 좋다, 빠수빠띠! 이제 그대의 사랑하는 송아지는 락슈미라는 이름을 받았다! 기쁜가?

빠수빠띠: 모두 바가반의 은총 덕분입니다!

락슈미는 경건하게 그녀의 머리를 바가반의 발에 댄다. 바가반은 손을 뻗어 그녀를 부드럽게 어루만진다. 어머니와 아이처럼, 둘은 얼마 동안 이렇게 있다. 락슈미가 바가반을 한 번 더 보기 위해 자꾸만 돌아봐서 결국 빠수빠띠가 락슈미를 끌고 간다.

3장
락슈미가 아쉬람으로 영원히 오다

락슈미의 어미가 죽은 지 몇 년 후 1930년경에 락슈미는 다 성장해서, 임신을 하고 엄마가 될 준비를 한다. 빠수빠띠 아이어는 집안의 어려움을 겪고 있는데, 그것은 매일 오고 가는 락슈미의 (소로서는) 비정상적인 습관 때문이다. 그래서 그녀를 아쉬람으로 영원히 옮기는 잠정적 계획에 박차를 가한다. 작은 헛간에 대한 초기 계획은 이루어졌지만 아직 시행되지 않았다. 잠시 동안 락슈미는 매일의 방문을 계속한다.

그녀는 시내에서 저녁을 보내지만, 아쉬람에서는 아주 시간을 잘 지키는 규칙적인 일상생활을 한다. 그리고 아직은 매일 식사 시간에 울리는 종은 없지만, 락슈미는 마치 아침 세션의 종료를 알리기라도 하는 것처럼 정확히 점심시간에 홀에 나타난다! 어느 날 바가반은 자신의 주변에 앉아 있는 헌신자들의 의문을 풀어주고 있는 중이다. 무슬림 학자인 시예드Syed가 설명을 요한다...*

시예드 박사: 바가반! 우리는 모든 욕망을 없애야 하는데 그럼에도 불구하고 신을 사랑하기를 바라고 집착으로부터 해방되기를 바랍니다. 이런 욕망들 또한 완전히 없애야 합니까?

바가반: 영성의 영역에서 목적지는 완전한 굴복이다. 우리가 신에게 자신을 완전히 굴복하면 신의 것과는 다른 우리의 어떤 욕망이 남아 있을 수 있는가? 우리가 해방의 자격이 있는지와 그것을 받을지 아닌지를 판단하는 것은 그이다. 왜 우리가 우리 자신의 해방을 바라야 하는가?

참석한 사람들이 이 말의 힘을 곰곰이 생각하고 있을 때, 락슈미가 홀에 들어와서 바가반의 옆에 선다.

바가반: 무슨 일이냐... 락슈미...? 오, 알았다! 11시인가 보구나.
라마나딴: (시간을 확인하려고 벽시계를 쳐다보며) 네 바가반! 벌써 11시입니다!
바가반: 이제 끝났다! 락슈미가 우리를 부르러 오면 우리는 몇 시인지 알 수 있지.

바가반은 지팡이의 도움을 받아 일어나 락슈미를 앞세우고, 모든 사람들이 식당으로 향한다.

---

* 시예드 박사와 그의 아내는 둘 다 슈리 바가반의 헌신자였는데, 시예드 박사는 현재 삶에서는 무슬림이지만 자신이 이전 생에서 힌두교도였다고 믿는다.

저녁 출발

임신 말기의 어느 오후, 관례적으로 그녀가 떠나는 시간에 락슈미는 홀로 간다. 바가반은 신문을 읽고 있다. 그녀는 그의 가까이에 서서 신문을 핥기 시작한다. 결국 그의 가벼운 항의가 무시되자, 바가반은 신문을 치우고 락슈미의 뿔 뒤에 그의 손을 대고는 머리를 그녀의 머리에 기댄다. 얼마 동안 이렇게 있다가 락슈미는 움직임이 없어진다...

바가반: (옆에 있는 헌신자를 바라보며 부드러운 목소리로) 락슈미가 무엇을 하고 있는지 아는가? (락슈미가 마치 깊고도 온화한 희열에 빠져있는 것처럼 꼼짝도 않고 있을 때 그 헌신자는 고개를 가로젓는다) 그녀는 니르비깔빠 사마디*에 있다.

몇 분 후 바가반은 자세를 바꾼다...

바가반: 락슈미 지금 기분이 어떠니?

락슈미는 마치 꼬리를 바가반 쪽으로 돌리기 싫기라도 하는 것처럼 뒤로 물러나며 홀 밖으로 나간다.

---

* 깊은 집중과 희열의 상태 (용어사전 참조)

락슈미의 분만

사흘 후 평소에 그녀가 떠나는 시간에 비슷한 상황이 생긴다. 하지만 이때 락슈미는 바가반에게서 떠나고 싶지 않아서 눈물을 흘리며 그의 소파 밑에 움직이지 않고 누워 있다.

바가반: (몹시 걱정이 되어 그의 손을 그녀의 얼굴에 부드럽게 대면서) 무슨 일이니? 안 가고 여기에 있고 싶다고 말하는 거니? (옆에 있는 다른 사람들을 쳐다보면서) 락슈미가 못 가겠다고 말하며 울고 있구나. 임신을 했으니 언제라도 해산할 수 있게 그녀를 넣어두어야 할 것이다. 그녀는 여기 있고 싶어 하지만 오늘 밤 갔다가 내일 돌아오기에는 먼 길이다.

조금 슬퍼 보이는 락슈미는 저항을 하지만, 결국에 바가반은 그녀가 다시 시내로 돌아가도록 설득하는데 성공한다. 그녀는 밖으로 나가 집으로 돌아간다. 놀랍게도 그녀는 그날 밤 송아지를 낳는다. 다음날 아침, 바가반은 아직 소식을 못 듣고 부엌에서 조용히 시금치를 씻어서 썰고 있는 꾼주 스와미와 야채를 썰고 있다...

바가반: 꾼주, 줄기와 뿌리를 버리지 말라. 그것들을 씻은 다음 갈아서 걸쭉하게 만들어 라삼에 넣어라.

꾼주 스와미: 네, 바가반, 아주 맛있을 겁니다.

빠수빠띠 아이어가 갑자기 그곳에 도착한다...

바가반: 오늘 아침은 아주 일찍 왔군, 빠수빠띠.

빠수빠띠: 기쁜 소식을 전해드리려고 왔습니다. 당신의 락슈미가 새끼를 낳았습니다.

바가반: 오! 정말 기쁜 소식이구나!

빠수빠띠: 제가 바나나와 각설탕을 가져왔습니다. 바가반께서 그것들을 쁘라사드[*]로 주시길 바랍니다.

바가반: (요리사들 중 한 명에게) 암마, 사람을 시켜 이것들을 모두 가져가 우리가 빠야삼^{**}을 먹고 있다고 찐나스와미에게 알리게 하라. 오늘은 특별한 날이다. 락슈미가 송아지를 낳았다!

요리사가 나간다.

바가반: (빠수빠띠 아이어에게) 얼마나 축복스러운 일인가! 그리고 그대의 낙농장에도 수입과 예기치 못한 소득이 되겠구나!

빠수빠띠: 용서하십시오, 바가반, 저의 낙농장이 아니라 바가반의 아쉬람에 그러할 것입니다. 저는 단지 바가반을 대신해서 락슈미를 돌보아 오고 있었습니다. 곧 락슈미는 바가반에게서 안식처를 찾을 것입니다. 그의 은총의 눈길이 영원히 그녀에게 내려져야 합니다.

---

[*] 신성한 공물
^{**} 달콤한 디저트

바가반은 흔쾌히 받아들이며 고개를 끄덕인다.

라마나딴: (앞으로의 일에 기뻐서 웃으며) 바가반! 만약 락슈미가 와서 머물면, 우리는 어머니의 성소에 락슈미의 우유로 규칙적으로 아비셰깜을 할 수 있는 것입니까? (바가반의 표정은 승낙을 표한다) 매일 어머니께 고뿌자*를 하기 위해 저는 오랫동안 소를 기르는 것을 꿈꾸어 왔습니다. 제 꿈이 드디어 이루어졌군요!

바가반: 그래 그렇구나. (찐나스와미가 부엌으로 들어온다) 삣짜이Pitchai!** 며칠 있으면 락슈미가 우리와 함께 할 것이다. 그녀를 위한 헛간이 필요하구나.

찐나스와미: 바가반께서 장소만 지정해주시면 헛간을 짓겠습니다.

---

* 소를 숭배하는 전통 의식으로 남부 인도 사원에서 매일 일찍 행해진다.
** 바가반이 동생 찐나스와미에게 쓰는 별명.

락슈미가 머무르기 위해 오다

약속한 날이 오고 라마나따는 빠수빠띠 아이어가 멀리서 락슈미, 그리고 새로 태어난 송아지와 함께 오고 있는 것을 본다. 바가반은 산으로 산책을 갔다. 그들이 도착한 것에 기뻐서 라마나따는 흥분해서 소리치며 바가반이 있는 쪽으로 뛰어간다. "락슈미가 왔어요!" 찐나스와미가 그 자리에 나타난다. 바가반에게 알리는 것에 실패한 라마나따는 빠수빠띠를 맞이하러 돌아간다.

라마나딴: 어서 오세요, 빠수빠띠! 저기 보세요! 헛간이 준비되었어요.

빠수빠띠: 정말 기쁘네요. 제가 정말 복이 많네요!

라마나딴: 우리는 똑같이 복을 받았어요. 여기 계세요! 제가 바가반을 모시고 올게요.

찐나스와미: 라마나따, 바가반을 모시고 올 필요 없어요. 산으로 산책을 가셨는데 때가 되면 오실 거예요.

이때 바가반이 저 멀리서 산을 내려오고 있는 것이 보인다. 락슈미는 바가반을 보고 그가 있는 쪽으로 향한다. 새끼송아지도 비틀거리면서 그녀를 따라 펄쩍펄쩍 뛴다. 라마나따는 바가반에게 락슈미의 도착을 알린다.

바가반: (락슈미에게 웃으면서 다가가서) 어느 날 너는 송아지로 왔다. 오늘 너는 다 자라서 어미가 되었구나! (다른 사람들에게) 락슈미가 오랫동안 저녁에 가야 해서 항상 울어야만 했다. 더 이상 가지 않아도 되어서 오늘 그녀는 기뻐하는구나! 그녀는 자신의 집이 여기라는 것을 안다. 모두 와서 락슈미의 헛간으로 가자!

바가반은 락슈미에게 손을 대고 헛간으로 간다. 헌신자들 중의 한 명이 락슈미의 이마를 강황 반죽과 꿈꿈*으로 칠하고, 화환을 씌우고, 그녀 앞에 장뇌를 태운 불꽃을 흔든다. 모두들 신성한 불길을 받으려고 손바닥을 아래로 한 채 가까이 다가간다.

바가반의 "소년 소녀들"인 여러 원숭이들 중 몇몇은 초가지붕을 위협적으로 잡아당기면서 헛간 꼭대기로 올라가고 있고, 개 재키는 아래에서 참견을 하며 짖는다.

바가반: 애들아! 이게 무슨 일이니? 질투하는 거니? 누가 아쉬람에 오면 환대해줘야 되지 않겠니? 자 내려오렴. 재키! 무슨 일이니? 왜 짖고 있지? 조용히 하렴.

---

* 눈썹 한가운데를 장식하기 위해 의식에서 사용되는 강황과 레몬으로 만들어진 주홍빛의 가루

원숭이들은 헛간에서 내려온다. 재키는 짖기를 멈춘다.

바가반: 지금부터 너희들 모두는 함께 놀고 서로와 함께 있는 것을 즐기는 법을 배워야 한다.

그와 동시에, 바가반의 말을 거의 이해하기라도 한 것처럼 어린 원숭이가 튀어나와 장난으로 송아지의 꼬리를 잡아당긴다.

바가반: 라마나따! 이 아이들에게 바나나를 주어라.

라마나따는 원숭이들에게 바나나를 준다. 원숭이들은 아이들을 데리고 쁘라사드를 위해 님 나무에서 내려온다.

바가반: 정말 놀라운 광경이구나! 우리의 고귀한 사진사가 이 모든 것을 필름에 담지 못한다는 것이 아쉬울 뿐이다!
라마나딴: (한 남자가 다가오고 있는 것이 보인다) 바가반! 크리슈나스와미 박사가 지금 오고 있습니다!
바가반: 오, 크리슈나스와미 박사, 때마침 잘 왔소. 어서 오세요! 이 아이들이 놀고 있는 것을 보세요! 저런 사진을 찍을 기회가 있었습니까? 모두가 다 우리 락슈미의 상서로운 도착 덕분입니다.

크리슈나스와미 박사는 카메라를 가지고 와서 다양한 각도로 사진을 찍는다.

4장
락슈미가 곤경에 처하다

락슈미는 아주 순조롭게 공동체 생활에 정착해서 아쉬람의 양녀가 된다. 그녀와 바가반 사이에는 특별한 유대가 형성된다. 바가반이 가장 사랑하기 때문에 그녀는 원하는 곳을 자유롭게 돌아다니며 모든 특권을 누린다. 만약 자신도 모르게 출입금지 구역에 침입하면, 그녀는 자기편을 들어 달라고 바가반에게 의지한다. 그리고 다르샨을 받으러 올 때면, 그녀가 지나갈 때 다른 사람들이 길을 내어주게 하면서 곧잘 활기찬 걸음으로 홀 안으로 걸어 들어온다.

락슈미의 다른 면에서의 순수한 본성은 특히 음식과 관련된 장난스러운 면 때문에

4장 락슈미가 곤경에 처하다

다채로운 칭찬을 받는다고 말할 수 있다. 대부분의 음식물은 꼭 주인의 허락을 구하지 않고도 자신은 이용할 수 있어야 한다고 그녀는 생각한다. 그리고 음식이 제공되면 그녀는 종종 바가반이 자신에게 먹여 줘야 한다고 고집을 부린다.

어느 날 한 아쉬람 주민이 뚜껑이 없는 용기로 음식을 나르고 있는데, 항상 마음대로 집어먹는 락슈미가 그가 모르는 사이에 그의 뒤를 따르는 것이 바가반의 눈길을 사로잡는다.

바가반: 그만해, 락슈미 그걸로 충분해! 우리에게도 먹을 것을 남겨줘야지!

그렇게 말하고 바가반은 그녀에게 조금 더 주고 부드럽게 그녀를 돌려보낸다.

또 다른 경우로, 오래된 여성 헌신자 숨발락슈미암마*가 바가반의 다르샨을 받기 위해 가족과 함께 온다. 이 특별한 방문에서 그녀는 고급 사탕과 아주 비싼 캐슈넛을 슈리 바가반에게 바칠 공물로 가지고 온다. 홀로 들어간 후에 그녀는 그것들을 그의 앞에 있는 의자 위에 둔다. 옆에 누워있는 락슈미가 일어나서 어슬렁어슬렁 의자 쪽으로 가며 이렇게 말하는 것처럼 행동한다.

"오, 인정도 많으시지! 이 숙녀분께서 바가반과 나에게 특별한 것을 가지고 오셨네!" 그러더니 마치 그것이 세상에서 가장 자연스러운 일인 것 마냥, 락슈미는 탐나는 캐슈 너겟을 마음껏 먹는다!

바가반은 쳐다보고 아무 말도 하지 않지만 바가반의 수행원인 마다바 스와미는 심지어 쳐다보려고도 하지 않는다. 괴로움을 억누르기 위한 오랜 침묵의 노력 후에, 이 불쌍한 여인은 안절부절 못하고 마침내 격분해서 수행원에게 소리를 지른다...

---

* 비루빡샤에서의 초기에 바가반을 처음 방문했고 나중에 아쉬람 부엌에서 봉사했던 장기 헌신자

헌신자: 제발 그 소를 치워주세요!

마다바 스와미: (천진하게) 왜 그러십니까? 저는 당신이 락슈미를 위해 그것들을 가져 온 거라고 생각했습니다!

락슈미가 방문객을 맞이하다

어느 날 한 신사가 바가반에게 바칠 커다란 힐 바나나 송이를 들고 아쉬람으로 들어 간다. 그녀가 근처에서 공격을 계획하고 있다는 것을 알아채지 못하고, 그는 갑자기 뒤에서 락슈미에게 습격당한다. 락슈미는 그의 손에서 바나나를 낚아채서 한입에 꿀 꺽 삼키기 시작한다...

헌신자: (분하고 놀라서) 너! 무례하구나! 누구 없나요... 이 제멋대로인 소가 바가반의 바나나를 훔쳤습니다. 워! 워! 뭐하는 거야? 도와주세요! 소가 저를 밀고 있어요!

라마나딴: (급히 뛰어나오며) 무슨 일입니까?

헌신자: 무슨 일이 일어나고 있는지 보세요. 제가 바가반께 드리려고 가져온 바나나 를 이 소가 가져갔어요. 제발 소를 쫓아내 주세요.

라마나딴: 쫓아내라구요? 이 소가 누구인지 압니까? 이 소는 바가반이 사랑하는 락

슈미입니다!

아쉬람 주민: (근처에 서 있다가 그 상황에 맞장구치며) 네, 정말이에요! 이 소가 바로 바가반이 직접 먹여 주는 락슈미예요. 바가반은 마치 그녀가 사람인 것처럼 이들리[*], 빠야삼과 바다이[**], 모든 것을 바나나 잎에 올려놓고 그녀에게 주는 것을 보았습니다.

라마나딴: 네, 락슈미가 먼저 먹지요. 다른 사람들은 그 다음이에요.

그동안에 마지막 바나나 노획품을 해치우면서 락슈미는 자신이 그런 논의의 대상이 된다는 것에 우쭐한다. 다른 사람들은 계속한다...

라마나딴: 당신은 바가반을 위한 과일을 가지고 여기에 왔습니다, 그렇지 않아요? 그것들을 락슈미에게 주는 것은 바가반에게 바치는 것과 똑같아요.

아쉬람 주민: 네, 바가반에게 그 과일을 드려도 그는 그것을 락슈미에게 줄 거예요!

헌신자: (개의치 않아져서) 좋아요, 그런 거라면 괜찮을 것 같아요. 죄송합니다.

대화를 우연히 듣고 찐나스와미가 다가온다...

찐나스와미: (비꼬는 투가 아니라 농담으로 라마나따에 대해 말한다) 바가반의 최고의 제자가 공표를 했다면 더 이상 항의할 여지가 없습니다! (헌신자에게) 오 선생님, 바나나를 바치려고 오신 당신은 오늘 축복을 받았습니다! 고마따[***]가 당신의 공물을 먹어버렸네요. 원숭이들이 그것을 먹지 않은 것을 신께 감사드려야 해요. 그건 당신께 행운이에요.

---

[*] 흰 색의 원반 모양의 떡으로 남인도에서 보통 아침이나 저녁 식사로 제공된다.
[**] 빠야삼은 달콤한 음식이고, 바다이는 특별한 날에 제공되는 짭짤하고 바싹 튀긴 음식이다.
[***] 글자상으로 "어미 소"

여기 아쉬람에는 개, 고양이, 원숭이, 공작, 소, 다람쥐 같은 많은 동물들이 있어요. 모두 바가반의 가족이지요. 바가반에게 공물을 가져오는 사람들은 목숨을 걸고 그것들을 보호해야 합니다. 그리고 심지어 그걸로 충분하지 않을 수도 있어요! 여기서는 앞, 뒤, 아래, 위를 조심하면서 바짝 경계해야 해요! 어느 때라도 무언가가 머리 위로 떨어질 수 있으니까요! 내 말이 맞죠, 라마나따?

라마나따가 웃고 다른 사람들도 같이 농담을 한다.

부엌에서의 아침

어느 날 아침 바가반은 부엌에서 절구로 빻고 있는 나이든 여인을 돕는다...

바가반: 이들리를 만들려고 빻고 있는 것인가?

나이든 여인: 네, 바가반.

바가반: 쌀이 약간 끈적거려 보이는구나. 도와줄까? (빻는 것을 시작한다)

나이든 여인: 바가반! 이게 무슨 일입니까? 당신이 이들리를 만들려고 빻는다구요? 당신의 귀한 손을 우리가 닳게 한다구요?

바가반: 내 손이 귀한 손이라고? 나무의 작은 가지 같은 이 손이? 게다가 닳은들 또

어떠한가?

나이든 여인: 바가반! 당신께 천 번을 엎드려 절합니다! 하지만 이제부터는 부엌 가까이로 절대 오지 마십시오.

그때, 락슈미가 부엌으로 들어와 바가반의 발에 고개를 숙인다. 바가반이 안아주자, 그녀는 부엌 바닥에 소변과 대변을 본다. 아쉬람 주민이 그녀를 향해 달려들어서, 바가반이 그곳에 있는 것을 보지 못하고 그녀를 때릴 것처럼 한다.

아쉬람 주민: (여전히 바가반이 거기 있는 것을 보지 못하고 소리를 지르며) 제멋대로이구나! 나가... 나가라고!

바가반: (몹시 화를 내며) 그만하라! 왜 락슈미를 때리는가? (아쉬람 주민은 불안해한다) 소의 똥*은 신성하다는 것을 모르는가? 집 앞을 깨끗이 하기 위해 우리가 길에서 똥을 모으지 않는가? 마찬가지로 소의 소변도 깨끗한 것이다, 그렇지 않은가?

바가반은 말하면서 몸을 굽혀 소의 똥을 퍼 담기 시작한다. 곧 몇몇 헌신자들이 그를 말리려고 몰려든다.

요리사: 바가반! 바가반! 그러실 필요 없습니다. 우리가 왜 여기에 있겠습니까?

다른 요리사: (락슈미에게 가혹했던 아쉬람 주민에게) 락슈미가 변을 좀 보면 어떻습니까? 꼭 그렇게 엄하게 해야만 했습니까?

---

* 인도의 마을에서는 소의 똥을 아주 숭배하는데 단지 그것이 실용적으로 많이 응용될 수 있기 때문만이 아니라 그것의 비옥함과 신 락슈미와의 연관성 때문이다. 늦가을의 디빠발리 동안 인도의 시골 지역에서는 신 락슈미의 화신으로서의 똥 더미(밭에 거름을 주기 위해 모아 놓은) 앞에 엎드리는 것이 일반적이다

아쉬람 주민: 용서하십시오, 바가반! (바가반의 발 앞에 엎드린다)

바가반은 락슈미를 끌고 나가고, 둘은 함께 산을 향해 오솔길을 걸어 올라간다. 그러는 동안...

찐나스와미: 당신은 아무 이유 없이 바가반을 괴롭혔어요. 그렇게 성급하게 굴지 않았으면 좋았을 텐데.

아쉬람 주민: (아주 진심으로) 죄송합니다. 제가 성급했어요. 보상으로 매일 부엌 바닥의 락슈미 똥을 청소하겠습니다.* 그런 다음 다시 한 번 바가반의 발 앞에 엎드려서 용서를 구하겠습니다.

찐나스와미: 그럴 필요는 없습니다. 마음을 가라앉히세요. 괜찮아질 겁니다.

---

* 이런 진흙 바닥은 보통 소똥, 말린 풀과 물의 혼합물로 입혀진다.

바가반이 저녁 식사를 거르다

건기 중의 어느 때에, 아쉬람에는 풀이 거의 없고 락슈미는 야위어간다. 바가반은 그녀가 먹을 것이 충분치 않다고 느끼고, 어느 날 저녁 자기 몫을 대신 락슈미에게 주라고 말하며 식사를 거부한다. 이 소식을 듣고 남자 요리사들 중의 한 명이 아침 식사에서 남은 바나나와 이들리를 락슈미에게 주기 위해 저녁 식사 후에 헛간으로 간다. 헛간에서…

요리사: (고살라 관리인에게) 선생님, 락슈미에게 무엇을 먹여주고 있었습니까? 저녁 식사 때 무슨 일이 있었는지 아십니까? 바가반은 자기 음식을 락슈미에게 주라고 말하며 아무것도 먹으려 하지 않았습니다.

관리인: 오! 그렇습니까? 최근에 제한적으로 배급을 한 것은 사실이지만 락슈미가 살이 빠졌다거나 누군가가 알아차렸을 거라고는 생각하지 않았습니다.

요리사: 바가반은 모든 것을 아십니다.

옆에 서 있던 락슈미는 자기 이름이 거론될 때마다 귀를 쫑긋 세운다. 바나나와 신선한 이들리의 향으로 보아, 그 소식은 나쁜 소식일 리 없다…

관리인: 제발 저를 위해 그에게 용서를 빌어주십시오. 저는 개인적으로 락슈미를 더 잘 돌보도록 하겠습니다. 하지만 바가반이 평소처럼 식사를 다시 시작하도록 분명히

약속해 주십시오. 저 때문에 그가 음식 섭취를 줄이는 일은 없어야 합니다! 제가 락슈미를 잘 돌보겠습니다.

이때 "귀를 기울이고 있는" 락슈미는 분명 이 말의 함축적 의미를 놓치지 않을 것이다.

요리사: 걱정 마세요. 모든 것이 곧 용서받고 잊혀질 거예요.

우유배달원

바가반에 대한 락슈미의 사랑은 계속해서 커져간다. 그녀의 커져가는 헌신은 여러 면에서 표현된다. 매일 아침 그녀는 헛간에서 나와 다르샨을 받고 그의 발에 전심을 다해 머리를 숙이기 위해 바가반을 찾으러 간다. 뿌르니마가 지나고 며칠 후 어느 날 아침 동트기 전에, 달은 아루나짤라 꼭대기를 비추며 하늘 높이 밝게 떠있다. 락슈미의 우유를 짜기 위해 정기적으로 오는 사람이 오늘은 일찍 왔는데 헛간 안에서 그녀를 발견하지 못한다. 그는 약간 짜

• 보름날

증이 나서 그녀를 찾으러 나간다. 라마나따 브람마짜리가 근처에 서 있을 때 찐나스와미가 도착한다.

우유배달원: (빈 우유통을 들고) 안녕하십니까, 선생님!

찐나스와미: 안녕하십니까! 약간 화가 나 보이네요.

우유배달원: 락슈미의 우유를 짜러 갔는데 헛간에 없더군요.

찐나스와미: 오, 그녀는 먼저 바가반의 다르샨을 받지 않고서는 우유를 짜지 않을 겁니다. 바가반은 일찍 야채를 썰러 부엌에 갔습니다.

우유배달원: 알았습니다. (저 멀리서 뭔가를 들은 것처럼) 락슈미가 울고 있는 게 들리는 것 같아요.

찐나스와미: (바가반이 다가오는 것을 알아채고) 바가반이 오고 있네요.

우유배달원은 바가반의 발을 만지며 그의 앞에 엎드린다.

바가반: (우유배달원에게) 락슈미가 그대를 부르는 것 같구나! 아직 우유를 짜지 않았겠지?

우유배달원: 그녀를 찾을 수 없었습니다.

바가반: 저기 보라... 그녀가 우리 쪽으로 오고 있다... (락슈미에게) 이리 오너라, 락슈미... 인사를 하러 왔구나, 그렇지 않니?

락슈미는 명백한 존경심으로 바가반의 발에 그녀의 머리를 댄다. 바가반은 그녀를 부드럽게 껴안고는 바나나를 먹여 준다. 바가반이 직접 주는 쁘라사드에 만족해서 락슈미와 우유배달원은 함께 헛간으로 간다.

라마나딴: (옆에 있는 헌신자에게 속삭이며) 락슈미가 매일 바가반을 섬기는 일에 얼마나 한결같은지 보이시나요?

헌신자: 네, 그녀는 자신의 보물이 어디에 있는지를 알고 그것을 얻는 일에 있어서 소심하지 않네요!

라마나딴: 그녀는 신성함을 알아보고, 그 섬김에 있어서 다른 모든 것들은 제쳐놓습니다. 그녀의 지난 삶에서의 남은 일은 이번 삶에서 계속됩니다! 그렇지 않습니까?

헌신자: 네, 정말 말씀하신 대로입니다.

락슈미가 부엌 정원을 방문하다

주목받는 것을 두려워하지 않는 고마따 락슈미는 자신이 일의 중심에 있는 것을 부끄러워하지 않는다. 하지만 때로 그녀는 아주 위태로운 상황에서 자신도 모르게 다른 사람들에게 혼란을 초래하며 그 중심에 있게 된다. 한번은 부엌 근처에 있는 정원을 방문하는 중에, 그녀는 20~30개의 바나나를 먹기 위해 바나나 나무 전체를 넘어뜨리려 하고, 시금치 화단을 완전히 엉망으로 만들면서 풀을 뜯어먹으려고 한다. 50kg의 쌀가마니를 어깨에 짊어지고 식

품창고에서 부엌으로 가는 도중에, 한 남자 요리사가 불행한 장면을 발견한다...

요리사: 맙소사! 이 소가 부엌의 정원을 엉망으로 만들고 있구나! 안에 아무도 없어요? 와 보세요!... 막대기를 가져와서 이 빌어먹을 소를 쫓아내세요!

아쉬람 주민: (그 광경을 보고 대나무 가지를 휘두르며) 오! 시금치가 완전히 망가졌네! 오늘 아침에 뽑으려던 참이었는데.

바가반이 무슨 일로 이렇게 소란스러운지 보러 오고 찐나스와미가 바로 뒤를 따라온다...

바가반: 무슨 일인가? 왜 막대기는 들고 있는가?

아쉬람 주민: (쭈뼛쭈뼛하며) 바가반, 락슈미가 부엌 정원의 풀을 뜯어 먹고 있습니다.

바가반: 그녀를 탓할 수 있는가? 여기에 있는 식물들을 보라. 까뜨리와 께라이, 모두가 아주 싱싱하고 푸릇푸릇하다. 잔치에 초대받으면 누가 기회를 잡지 않겠는가? 그녀가 정원에 들어가지 않게 하려면 울타리를 쳐야 한다. 우리의 잘못인데 어떻게 죄 없는 동물을 벌하는 것을 정당화하는가?

아무도 반응이 없다. 그들의 침묵은 바가반의 말이 사실임을 인정한다. 하지만 죄 책감이 들고 부끄러워 보이는 락슈미는 자신이 초래한 모든 소란에 미안함을 느끼며 맥없이 자기 헛간 쪽으로 느릿느릿 걸어간다. 바가반도 나간다. 몇 분 후...

찐나스와미: (거기에 있는 다른 사람들에게) 바가반이 누구를 대신해 중재를 하는지 아십니까? 누구도 그의 아끼는 동물들을 혼내서는 안 되는데, 특히 락슈미는 더 안 되지요! 애초에 제가 여러분 모두에게 정원에 식물을 심지 말라고 말했잖아요. 하지만 여러분은 듣지 않았지요.

요리사: 바가반은 시금치를 좋아하시고 지금 아쉬람에 물이 풍족해서 우리는 안 키울 수 없었습니다. 게다가 그것은 잘 자랐습니다. 채소도 아주 잘 나구요.

찐나스와미: 네 그렇습니다, 정원은 아주 잘 자랐습니다. 하지만 누구도 그것을 보호하는 문제는 고려하지 않았습니다.

아쉬람 주민: 우리는 소가 들어가는 것에 대해서는 생각하지 못했습니다.

피해를 살펴보면서, 우유배달원이 옆에 서 있다.

※ 시금치(용어사전 참조)

찐나스와미: (그에게 말을 걸며) 소를 묶어놓아야 하지 않을까요?

우유배달원: 다른 소들은 묶여 있습니다, 선생님! 하지만 어떻게 락슈미를 묶어 놓을 수 있겠습니까? 그녀는 자기가 원하는 대로 아쉬람을 돌아다닙니다.

찐나스와미: 네, 락슈미는 바가반이 사랑하는 아이입니다.

우유배달원: 네, 선생님. 바가반은 그녀를 방문하러 규칙적으로 옵니다. 매일 아침 그녀는 그를 찾으러 나가고 점심시간에도 홀로 갑니다. 어떻게 그녀를 통제하겠습니까?

찐나스와미: 당신 말이 맞습니다. 가능한 한 다른 소들을 묶어 놓으세요. 락슈미는 놔두세요. 바가반이 돌볼 겁니다.

우유배달원: 앞으로 더 조심해야겠습니다, 선생님. 하지만 과실수들이 망고, 잭푸르트, 바나나등 과일을 맺는 계절입니다. 나무에는 과일들이 주렁주렁하고, 물론 원숭이들이 그것을 쑥대밭으로 만들고 있습니다.

찐나스와미: 그들이 그러도록 내버려 두세요. 우리는 남는 걸 먹을 겁니다. 바나나, 잭푸르트, 망고 나무 주위에 울타리를 칠 수는 없어요!

우유배달원: 안 되죠, 절대 안 되죠, 선생님!

찐나스와미: (줄어든 시금치 밭을 쳐다보면서 요리사와 거기에 있는 모든 사람들에게) 소들이 들어오지 못하게 하지만 때리지는 말고 가능한 한 이것들을 지키세요. 그것이 우리가 할 수 있는 최선입니다!

우유배달원: 제대로 된 고살라*를 짓는 게 훨씬 더 나아요! 견고한 구조물이라면 소를 잘 매어 둘 수 있어요. 초가지붕을 비스듬히 붙여 지은 이것은 우리를 무력하게 만듭니다.

---

* 젖소를 넣어두는 구조물

찐나스와미: 당신의 고충을 이해합니다. 고살라를 위한 조치가 취해지고 있습니다. 바가반이 승인하셨습니다.

우유배달원: 그렇게 되면 정말 좋을 텐데요, 선생님. 여물통을 규칙적으로 채워 넣으면 소들은 풀을 뜯어먹기 위해 아쉬람을 돌아다니고 싶은 충동을 덜 느낄 것입니다.

찐나스와미: 네, 맞는 말입니다.

5장
락슈미가 자신의 궁전을 갖다

락슈미가 아쉬람에서 영구히 살기 위해 오자 헌신자들이 많은 소들을 데리고 온다. 금세 외양간에 있는 소의 숫자는 대폭 늘어난다. 일반적으로 그들은 초가지붕 아래에 매어 있다. 하지만 곧 이런 아주 기본적인 방식으로는 충분한 공간이 없게 된다.

마침내 살렘 순다람 쩻띠와 그의 500루피의 기부 덕분에 고살라 건축 계획의 시안이 마련된다. 바닥을 뚫고 초석을 놓기 위해 약속된 경사스러운 시간이 되기 30분전, 락슈미는 자기 집이 만들어지기 시작하니 그가 와야 한다고 말하면서 뛰쳐나가 바가반에게 달려간다!

나중에 바가반은 현장에서 감독관에게 그 건물이 건축 설계도에 제시된 것보다는

훨씬 넓어야 한다고 말해준다. 그는 다음 해에 더 많은 소가 올 것을 예측한다. 락슈미는 "황금손"으로 그녀가 만지는 것은 모두 번영한다. 그래서 바가반은 책임자들에게 그들이 락슈미를 위해 큰 외양간을 만들면 아쉬람은 서재, 식당, 어머니의 성소를 짓기 위해 필요한 모든 뿐야*를 갖게 될 것이라고 말한다.**

바가반이 그곳에 있을 때, 락슈미가 현장을 방문한다...

바가반: (락슈미에게) 며칠 더 기다려야 한단다, 일이 아직 끝나지 않았구나!

제시간에 널찍하고 견고한 건물이 완성된다. 그 당시, 아쉬람에서 가장 넓은 것이다! 내부 디자인은 독특해서 햇빛과 통풍을 위한 야외 코트를 제공한다. 버마(미얀마)의 티크 목재 들보, 화강암 벽, 우아하게 윤곽을 만든 난간 기둥과 조각된 외관을 가진 락슈미의 새 거처는 진정한 궁전이다! 개막을 위한 상서로운 날이 머지않았다...

꾼주 스와미: (대화를 나누며 그 장소를 꾸미면서 모인 사람들에게) 아루나짤라 신이시여, 당신의 연민은 비할 데가 없습니다! 마침내 고살라가 완성되었습니다.

찐나스와미: (일꾼들과 아쉬람 주민들에게 말을 걸며) 맞습니다. 우두커니 서 있지 마세요. 우리는 아직 할 일이 많아요. 화환과 장식용 줄, 그리고 다른 장식들도 아직 만들어야 해요.

라마나딴: (찐나스와미에게) 누가 외양간에 제일 먼저 들어가야 합니까?

찐나스와미: 그게 무슨 말입니까! 당연히 바가반의 신성한 발이 제일 먼저 땅을 밟아

---

* 뿐야는 이익을 의미하고 축복을 가져다준다.
** 다음 해에 이 예측이 사실로 증명된다.

야지요.

꾼주 스와미: 네. 바가반이 먼저 들어가야지요.

라마나딴: 하지만 새로 지은 집의 헌정식에서 먼저 들어가는 것은 소가 아닙니까?

찐나스와미: 그것은 인간의 집에 대한 얘기입니다. 이것은 다르지요. 락슈미라는 소를 위해 지은 집에 들어가기 위해서는, 확실히 바가반이 먼저 들어가야 합니다.

라마나딴: 차라리 바가반에게 물어봅시다.

꾼주 스와미: 뭐라구요! 누가 먼저 들어가야 하는지 바가반에게 물어보자구요?

찐나스와미: 제게 다 맡겨 주십시오.

마침내 락슈미가 먼저 고살라에 들어가는 것이 결정된다. 이를 위해 그녀는 씻기고 특별하게 치장된다. 고살라 또한 공들여서 장식된다. 랑골리, 흰 분필의 꽃문양이 입구 통로와 그 안의 바닥을 장식한다. 망고 잎과 흰색 자스민의 장식용 줄이 여기저기에 드리워진다. 시간이 다가온다...

꾼주 스와미: 저기 보세요! 락슈미가 아주 흥분했어요. 매이기를 싫어하네요. 얼마나

간절한지 보세요. 그녀에 관한 모든 것이 말하고 있어요. "오 바가반, 저 여기 있어요, 하지만 묶여 있어서 당신께 갈 수가 없어요!" 언제라도 그녀는 줄을 끊고 바가반 가까이에 있기 위해 홀로 들어갈 것 같아요!

라마나딴: 그녀는 이 모든 축하가 자신을 위한 것임을 알아요. 자기의 기쁨을 바가반과 나누고 싶은 거예요.

아쉬람 주민: 보세요! 보세요! 락슈미가 정말 줄을 끊고 홀을 향해 질주하고 있어요.

락슈미는 홀로 뛰어들어가 바가반 가까이에서 무릎을 꿇는다.

바가반: 무슨 일이니! 락슈미! 왜 내 발밑에 누워있니?

찐나스와미: (그곳에 모인 아쉬람 주민들에게) 멍하니 서 있지 맙시다. 락슈미를 일으켜서 고살라로 데리고 가세요.

헌신자들은 락슈미를 일으키려고 하지만 그녀는 바가반의 발에 고개를 단단히 박고 그가 움직일 때까지 꼼짝도 하지 않으려 한다.

바가반: 아니, 아니다! 억지로 그러지 말라. 그녀는 바가반을 자기 궁전으로 데리고 가려고 여기에 왔다. 그렇지 않니, 락슈미? (락슈미의 얼굴이 마치 왕을 기다리는 왕비의 얼굴처럼 동의의 뜻을 전한다). 그래, 내가 가마.

바가반은 일어나서 락슈미를 따른다. 둘은 고살라를 향하는 작은 행렬을 이끈다. 그들이 들어갈 때 락슈미는 뒤에서 따라가기를 고집하고 그래서 바가반이 먼저 들어간다. 많은 헌신자들과 나머지 소들이 그들을 따른다. 한 쌍의 원숭이, 개, 생기 넘치

는 한 무리의 새끼 공작을 거느린 어미 공작과 같은 다른 동물들이 바깥에 자리를 잡는다. 안에서는 여인들이 번성의 노래, 고우리깔야남*을 부르는 동안 락슈미가 바가반에게 머리를 비빈다.

고살라에서의 생활

사실상 집이 없이 몇 년을 지낸 후에, 마침내 락슈미와 다른 소들은 새로운 고살라에 자리 잡는다. 시간이 지남에 따라, 울타리를 친 부엌 정원에서 많은 채소와 시금치가 자란다. 소똥은 비료와 연료로 쓰이기 위해, 자얀띠 날과 다른 특별한 행사에 바닥을 청소하기 위해 정기적으로 수거되어 펼쳐서 말려진다. 장대한 아루나짤라의 모형으로 축소된 풀인, 고살라 뒤의 건초 더미 언덕은 정기적으로 손질되고 다시 채워진다. 이제 락슈미는 종종 묶이기 때문에, 그녀는 원할 때 자유롭게 바가반에게 가지 못한다. 그래서 매일 아침 바가반은 고살라를 방문해서 그녀를 쓰다듬어 주기로 한다.

---

* 쉬바와 빠르바띠의 결혼 노래

시금치에 대한 그녀의 굉장한 사랑 때문에 그는 종종 그녀에게 시금치를 가져다주고,
그녀는 아주 즐거워하며 그것을 먹는다. 한 번은...

꾼주 스와미: (바가반에게) 락슈미가 모든 종류의 시금치에 대해 가지는 대부분의 소들
보다 더 많은 애정과 만족할 줄 모르는 식욕은 놀랍습니다.

바가반: (락슈미에게) 너는 어떠니, 아가야? 너는 시금치를 좋아하니? (그녀에게 깨라이를
먹여준다.)

꾼주 스와미: 시금치에 대한 그녀의 심취를 보면 깨라이빳띠 가 생각납니다. 어쩌면
소 락슈미 대신에 "깨라이락슈미"라고 불러야겠습니다!

바가반: 그래. 깨라이빳띠 생각이 쉽게 날 수 있겠구나. 그녀도 시금치를 좋아했지!
언덕에 있던 시절, 나는 그녀가 얼마나 여기저기 찾으러 다니며 생각할 수 있는 모든

---

* 글자상으로, "시금치 할머니", 1900년부터 그녀가 죽은 1921년까지 바가반을 위해 시금치를 모으고 요리했기 때문에
그렇게 이름이 붙여졌다.

종류의 시금치를 가지고 돌아오곤 했는지 기억이 나는군. 구하나마쉬바야[*] 에 있는 자신의 작은 공간에서, 그녀는 그것을 요리해서 나에게 가져오곤 했지. 그녀는 그것이 아주 조금이라고 말하며 나에게 그것을 먹도록 설득했지만 사실 그것은 적은 양이 아니었지.

라마나딴: 어쩌면 께라이빳띠가 소 락슈미로 다시 태어났을 수도 있습니다!

꾼주 스와미: 정말이에요! 께라이빳띠는 그때 바가반에게 시금치를 주었고, 지금 바가반이 은혜를 갚네요![**]

바가반은 답이 없다.

홀에서

어느 날, 다음의 대화가 일어난다.

꾼주 스와미: 바가반! 엑나따 라오에게서 온 편지가 있네요.

바가반: 그대가 보라.

꾼주 스와미: (편지를 정독하면서) 그가 빨라꼿뚜의 사르바디까리에 대해 물었습니다.

바가반: 빨라꼿뚜의 사르바디까리가 누구인가?

꾼주 스와미는 머뭇거리며 라마나따 브람마짜리의 방향을 가리킨다. (라마나따는 빨라꼿뚜의 사두 집단에서 사는 자들에 의해 "사르바디까리"라는 별명이 붙여졌는데, 그것은 따밀어로 기관 또는 기업에 관한 "지배자" 또는 "최고 책임자"를 의미한다.)

꾼주 스와미: 바가반, 농담으로 그에게 빨라꼿뚜의 최고 책임자라는 별명을 지어준 것은 우리입니다. 책임자는 우리에게 시내에서 물건을 가져다주고, 램프 심지를 만들고 정기적으로 그것을 관리하며, 바닥을 쓸고, 잡일을 자진해서 하며, 간단히 말해 모든 일을 하곤 했습니다. 그래서 우리는 애정을 담아 그를 최고 책임자라고 부르기 시작했습니다.

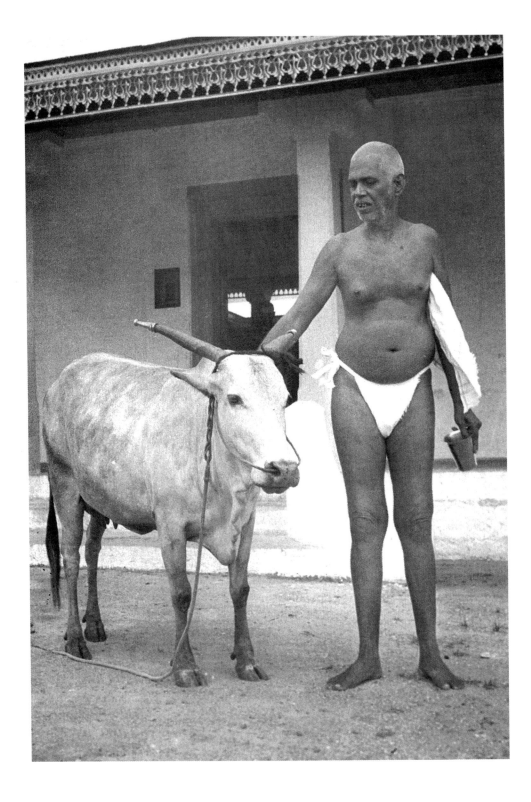

라마나딴: (당황함을 감추지 못하고) 저는 이 모든 것과 관련이 없습니다, 바가반. 모든 사람들이 작당을 하고 저를 최고 책임자라고 부르며 조롱합니다.

바가반: (농담에 가담해서) 이런 식의 최고 책임자라면, 우리 모두가 행복해야 하지 않을까?

모두 긍정하며 웃는다.

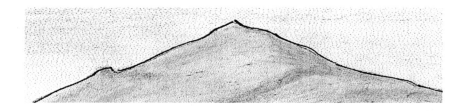

시간이 약간 흐르고 어느 날 바가반, 꾼주 스와미, 그리고 다른 사람들은 고살라의 공사에 이르는 상황에 대한 이야기를 하면서 락슈미의 아쉬람 도착에 대한 이야기를 돌이켜보기 시작한다. 누군가 그 첫날의 대화, 소의 우유로 바가반의 커피를 만드는 것, 락슈미의 아쉬람 매일 방문 같은 것들을 기억해낸다. 이전 대화의 주제를 골라...

꾼주 스와미: 바가반, 그 생각이 납니다. 구디야땀 사람이 락슈미와 그 어미를 데리고 여기에 와서, 여기에는 그들을 돌볼 사람이 없다고 말하며 그의 제안을 거절했던 날, 그들을 돌보는 일을 맡은 사람이 이 최고 책임자였지요.

바가반: 그래, 기억나는구나. 그가 내 앞에서 맹세했지. 그 뒤에는 어떻게 됐지?

꾼주 스와미: 최고 책임자는 어떻게든 자신의 다른 의무들과 함께 그들을 돌보려고 애썼습니다. 그는 다른 사람에게 그 짐을 넘겨주라는 아쉬람에 사는 사람들로부터의 압력에 굴해서, 락슈미와 그 어미를 시내에 있는 관리인에게 넘겨줄 때까지 많은 관심과 주의를 기울여 그 일을 했습니다.

바가반: 불쌍한 라마나따, 그는 언제나 자기 앞에 오는 모든 일을 떠맡지. 그가 할 일에는 한계가 없는가?[*]

라마나따는 아무 말도 않는다.

꾼주 스와미: 제가 압니다. 바가반. 그리고 그의 손은 너무 야위고 막대기 같습니다! 시내에서 돌아올 때의 그를 보셔야 합니다. 그의 오른손은 낡고 찢어진 우산을 쥐고 있고 왼손에는 작고 심하게 찌그러진 알루미늄 용기에 담긴 음식이 있을 겁니다. 이것들과 함께 그는 다른 것들 사이에 바가반을 위한 병에 담긴 커피를 가져옵니다.

바가반: (라마나따에게 말을 걸며) 오, 알았다. 그래서 락슈미가 도착한 날 소의 우유를 탄 커피를 위해서 소가 필요하다는 얘기를 하고 있었군! 어떻게 그런 것들을 다 가지고 다닐 수 있었지? (라마나따는 부끄러워서 조용히 있는다)

꾼주 스와미: 바가반, 그는 가방도 사용하지 않습니다. 그는 자기 도띠를 허리춤에 단단히 감아, 그것을 무릎 바로 위로 접어서 야채들을 그 접힌 것 안에 집어넣습니다. 그래서 그것은 사방으로 축 늘어집니다. 비둘기처럼 발을 안으로 향하고 무릎은 서로 부딪치며 아주 집중하고 조심해서 그는 뒤뚱뒤뚱 걸어서 아쉬람으로 돌아옵니다!

---

[*] 라마나따 브람마짜리는 지칠 줄 모르는 봉사로 유명하고 존경받는다.

6장
특별한 행사

인도에서는 아주 옛날부터 소와 여신 락슈미는 둘 다 숭배를 받고 종종 관련이 지어진다. 부와 풍요의 여신 락슈미는 신의 힘, 태양과 달의 밝음, 그리고 행성의 힘이라고 말해진다. 여신 락슈미가 하늘의 신 인드라를 방문했을 때, 그는 작물을 잘 자라게 하고 소가 우유를 만들어내도록 비를 많이 내려주었다. 여신 락슈미는, 락슈미 자신의 모습으로 드러난 넥타를 만들려고 노력하던 신이 휘저은 우유의 바다로부터 생겨났다고 말해진다. 창조자 브람마는 소의 젖에서 나오는 우유, 그의 넥타로 인간을 먹여 살리기 위해 소의 형태를 취했다. 그러므로 소는 신의 화신은 아니지만 생명을 부여하는 자와 유지하는 자로서 숭배 받는다.

신성한 믿음은 오늘날에도 여전히 유효하고 인도 전역에서 여러 방법으로 표현되는데 특히 소를 숭배하는 신성한 어머니의 날인 금요일과의 연관성에서 그러하다. 라마나스라맘에서 이것은 소 락슈미가 자스민과 뚤시 화환으로 치장이 되는 금요일마다 받는 특별한 관심으로 멋지게 보여진다. 매주 이날, 그녀가 완전히 예복을 갖추고 다르샨을 위해 올 때, 바가반은 금요일이 왔다고 변함없이 말한다!

맛뚜 뽕갈

매년 맛뚜 뽕갈 기념일은 화환과 띨라깜*으로 소들을 영광되게 하고 장식함으로써 그들에게 바치는 추수 감사제이다. 맛뚜 뽕갈의 날에는 암소, 황소, 물소, 말들 뿐 아니라 난디**에게 특별한 뿌자가 행해지는데, 이들은 모두 끓인 달콤한 쌀(뽕갈이라 불린다)을 먹게 되고 신성한 챈트와 노래로 찬양받는다. 저녁에는 동전을 끼운 알로에 섬유와 천의 장식줄이 암소와 황소의 뿔에 부착된 다음 그들은 시내 거리를 의기양양하게 행진한다.

아쉬람에서의 맛뚜 뽕갈 날 늘 그렇듯이, 1946년 1월 중순 그 날에 락슈미는 고살라에서 멋지게 치장된다. 그녀의 목 주위에는 붉은 장미 화환, 신성한 바질, 월하향, 히비스커스 화환 뿐 아니라 사탕수수, 코코넛 알맹이와 무룩꾸***같이 먹을 수 있는 것으로 만들어진 화관이 있다. 그녀의 뿔 끝도 장식된다. 고살라는 이날 숭배의 중심이기 때문에 다시 만들어진다. 플랜테인 나무가 기둥에 묶이고 장식줄들이 걸리고, 라임 가

---

* 눈썹 사이에 있는 의식상의 점
** 쉬바의 탈 것, 황소
*** 따밀 나무의 딱딱하고 짭짤한 프레첼 모양의 과자

루로 장식 문양이 입구에 그려진다. 모든 소들과 특히 고마따 락슈미는 특별히 씻겨서 장식된다.

헌신자: 락슈미는 정말 아름답군요! 그녀의 우아한 뿔과 아몬드 모양의 눈!

방문객: 네, 지금 바가반과 락슈미의 사진을 찍을 수 있으면 좋겠네요.

바가반: (우연히 듣고) 잠깐 기다리라!

바가반이 락슈미 옆에 앉는 동안, 사진사가 도착한다. 헌신자들이 신성한 불길의 흔들림인 아라띠를 행하고, "나 까르마나"와 다른 찬가들을 챈트하는 동안 바가반은 락슈미의 모습을 바라보며 즐기고 있다. 그때 모든 사람들이 참여해서 소들에게 달콤한 뽕갈을 먹여준다. 뿌자 후에, "만뜨라 뿌슈빰"을 챈트하고 있을 때, 크리슈나스와미 박사가 사진을 찍는다. 모인 모든 사람들이 그녀를 위해 길을 내주면서, 락슈미는 고살라의 중앙으로 인도된다. 그녀는 위풍당당한 태도와 위엄 있는 자세로 머리를 앞뒤로 흔들면서 우아하게 움직인다. 바가반은 의자를 그녀 가까이에 둔다. 그녀를 쓰다듬고 손을 그녀의 등에 두고서 바가반은 말한다. "침착해, 침착해!" 모든 말을 알아듣는 듯 락슈미는 사마디와도 같은 완벽한 고요함으로 서 있다. 바가반은 다른 손에는 지팡이를 잡은 채 왼손을 락슈미의 어깨에 둔다. 사진이 촬영된다.

헌신자: 바가반이 모든 소들이 있는 가운데 고살라의 중앙에 서 있는 것을 보니 난다

---

* 뿌자에서 마무리 찬가

고빨라[*]의 아들 고빨라크리슈아난 생각이 나네요! 뿌라나^{**}에서 여신 락슈미가 시따이면 비슈누는 라가바입니다. 이 신성한 광경에서 고마따는 라다^{***}이고 바가반 라마나는 크리슈나입니다, 제 말이 맞지 않습니까?

방문객: 거기엔 의심의 여지가 없습니다.

락슈미의 위로

바가반과 함께 있는 것은 어떤 일이든 특별하게 된다. 하지만 락슈미에게 어떤 사건들은 다른 이유들 때문에 중요하다. 그녀가 마음의 괴로움을 경험하거나 고통을 겪는, 축하할 때가 아니라 비통할 때이다. 이럴 때, 락슈미는 위로를 받으러 바가반에게 간다.

어느 날, 락슈미가 홀로 들어가 바가반의 어깨에 머리를 대고 울기 시작한다. 바가반은 그녀를 부드럽게 어루만지며 가만히 있다가 비둘기와도 같은 온화함으로...

바가반: 왜 그렇게 슬퍼하니, 아가야? 누가 너에게 상처를 줬니?

---

* 크리슈나 신의 양아버지
** 라마나야나와 마하바라따를 포함하는 인도의 위대한 서사시
*** 크리슈나 신의 배우자

잠깐 멈추었다가 다시 그녀를 어루만진다.

바가반: 애야 힘을 내거라! 그만 울어라, 너의 친구가 되어 주려고 내가 여기 있단다!
몇 분 후 락슈미의 울음은 가라앉고 그녀는 편안해져서 떠난다.

비슷한 일로 락슈미가 괴로워하며 홀로 뛰어드는데, 그녀의 다리와 꼬리는 진흙투
성이이고, 코에서는 피가 흐르며, 반쯤 잘린 끈이 그녀의 목에 걸려있다. 그녀는 지저
분한 상태에 대한 수행원의 많은 항의도 무시하고 곧장 바가반이 앉아 있는 소파 쪽으
로 향한다.

바가반: 오게 두어라. 오게 하라! (락슈미에게) 이리 오너라, 애야. 가까이 오너라. (그녀
를 다정하게 쓰다듬다가 알아차리고는…) 이게 뭐지? 코에서 피가 나고 있구나!
수행원: 코뚜레를 장착하려고 코를 뚫고 있었습니다.
바가반: 오호! 그래서 그녀가 왔구나. 고통을 참을 수 없어서 위로를 받으러 왔구나.

바가반은 그녀의 곤경에 대해 진심 어린 공감을 보여준다.

바가반: (수행원들에게) 그녀를 진정시키기 위해 과일이나 이들리를 좀 주어라.

수행원들이 락슈미를 플랜테인으로 진정시키는 동안 텔루구인 헌신자이자 아쉬람
생활의 기록자인 수리 나감마가 부엌으로 가서 이들리를 가져온다. 락슈미는 자기 길
을 가고 모두들 홀의 자기 자리로 돌아간다.

바가반: (수행원들에게 말을 걸며) 그대들도 어려움이 있으면 나에게 오지 않는가? 그녀도 똑같이 한 것이다. 왜 씻지 않고 홀에 들어왔다고 그녀에게 화를 내는가? 문제가 있을 때 우리는 옷이 깨끗한지, 머리가 제대로 빗겼는지 생각하는가?

조용한 때

가끔은 축하도, 위기도, 어떤 활동도 없이 그저 홀과 아쉬람 도처에 지속적인 침묵만이 있다. 비가 오랫동안 오지 않은 후에 돌발적인 소나기가 이른 아침 휩쓸고 가는 일이 일어날 수 있다. 주변의 모든 자연은 오랜 가뭄 후에 깨어나고 소생한다. 개구리는 목청껏 노래하고, 아쉬람 우물은 가득 채워지고, 산에서부터 흘러넘치는 개울 소리가 멀리서 들려온다. 건기에는 느낄 수 없는 레몬그라스, 세이지, 팜파스의 향기가 다르샨 홀을 채운다. 노래하는 새가 마치 난데없이 나타나듯이 다시 한번 봄 노래를 부른다. 그런 아침에는 바가반, 헌신자들, 그리고 종종 고마따 락슈미가 비 온 후의 침묵의 고요함을 즐기며 명상을 하며 앉아 있을 때 가득 채워진 침묵이 스며든다.

바가반의 자얀띠 날

모든 행사들 중에서 가장 특별한 것은 12월 중순에서 1월 중순 사이에 있는 바가반의 자얀띠이다. 그녀의 이 시기에 새끼를 낳는 (초년의) 습관 때문에 락슈미에게 이날은 특히 중요하다. 놀랍게도 그녀의 아홉 마리 송아지 중에서 세 마리나 정확히 바가반의

자얀띠 날에 태어난다.˚ 이런 일이 일어나는 자얀띠 날에, 락슈미와 새로 태어난 그녀의 아기는 또한 언제나 축하를 받을 것이다!

어느 자얀띠 날에, 준비가 진행되고 있을 때, 바가반이 헌신자들 사이에 앉아 있다. 홀 안과 밖은 즐겁다. 근처에 있는 원숭이 무리는 이 나무에서 저 나무로 뛰어다니며 즐겁게 뛰어놀 때 걱정이 없어 보인다. 어린 아기들, 서로 몸싸움을 하는 아이들과 서로의 꼬리를 가지고 노는 다른 아이들과 함께 있는 어미들이 있다. 공작은 나팔 같은 울음소리를 내고, 춤추면서 자신의 존재를 알리고, 일부는 파랑, 초록, 그리고 청록색의 깃털을 활짝 펼친다. 찐나스와미는 꾼주 스와미, 라마나따, 그리고 다른 헌신자들이 바쁘게 움직이는 동안 그 날의 활동들을 지시하면서 일꾼들, 헌신자들과 함께 이야기를 나누고 있다. 혼란스러운 중에 고살라에서 오는 한 헌신자가 홀로 들어가 바로 몇 분 전에 락슈미가 새끼를 낳았다고 기쁘게 알린다! 잠시 후 락슈미가 흥분해서 홀로 뛰어 들어와 바로 바가반 쪽으로 향한다...

바가반: 락슈미, 아기를 낳았다고 말하러 온 거니? (멈추고 그녀를 쳐다본다) 알았다, 내가 헛간에 가서 너의 아기를 보마. 라마나따, 사탕을 가져와서 나누어 주라.

바가반은 그렇게 말하며 다리를 펴고 일어난다. 식당으로부터 설탕 덩어리가 접시에 담겨져 온다. 바가반은 한 조각을 집어 락슈미와 느긋하게 걸어 나간다. 도중에...

꾼주 스와미: (바가반에게) 우리가 바가반의 생일을 축하하고 있는 이 날에 락슈미가 새끼를 낳았습니다. 얼마나 경사스러운지요!

˚ 또한 한 마리 또는 그 이상이 바가반의 매달 "별의 날(star day)"인 뿌나르바수에 태어났다고 생각된다.

바가반: 바로잡아라, 꾼주! "바가반의 생일 축하가 락슈미가 새끼를 낳은 날에 이루어지고 있다"고 말하라.

고살라에서 락슈미가 바가반에게 머리를 기댄다. 그녀의 송아지는 익숙치 않은 다리로 아직은 균형을 잡고 지탱할 수 없어서 흔들거리고 있다. 그녀는 어미의 젖을 들이민다. 근처의 원숭이들은 일어나고 있는 일에 놀란다. 자얀띠이기 때문에 크리슈나스와미 박사가 예상대로 카메라를 가지고 도착한다. 락슈미와 새로 태어난 아기 옆에 있는 바가반의 사진이 찍힌다...

바가반: (찐나스와미에게) 뻿짜이! 오늘 빠야삼과 바다이로 잔치가 있을 것이다, 그렇지 않은가?

찐나스와미: 물론입니다! 바가반의 생일인걸요!

바가반: 하지만 락슈미도 또한 새끼를 낳았다. 그것을 위한 특별한 아이템이 무엇이 있겠는가?

찐나스와미: 바가반, 라두*를 낼 것입니다.

바가반: (거기 있는 어린 원숭이를 가리키며) 저 아이들도 오늘 잔치를 즐기게 하라.

찐나스와미: 오 바가반, 그들에게 먹을 것을 주기 시작하면 분명 큰 소란, 골치 아픈 일이 생깁니다.

바가반: 그들은 성가시게 굴지 않을 것이다. 그들도 즐거움을 나누게 하라! (바나나를 들고 옆에 서 있는 꾼주 스와미에게) 꾼주, 나에게 조금 주면 내가 나눠 주겠다.

---

* 라두는 둥근 모양의 디저트로 잔치날에 제공된다.

꾼주 스와미가 바가반에게 바나나를 조금 건네주고, 그가 자기 "친구들" 각각에게 하나씩 나누어 주기 시작한다.

바가반: 애들아! 한꺼번에 밀려들면 안 돼. 예의 바르게 행동하렴. 한 번에 하나씩만 와야지.

원숭이와 새끼 원숭이들은 줄을 서는 것과 비슷한 형태를 만들어 바가반으로부터 바나나를 받는다. 바가반은 어미 하나가 새끼에게 자기 바나나를 주는 것을 본다.

바가반: 저기 보라! 모성애가 보이는가? 좋은 어미구나! (원숭이들에게) 자! 이제 모두 착한 아이들처럼 이동해야지.

원숭이들은 하나씩 흩어진다.

7장
락슈미가 병이 나다

아루나짤라는 남인도의 신성한 산으로 그 이름은 쉬바 신의 이름 중의 하나에서 유
래한다. 아루나짤라는 "불의 산"*을 의미하고 형체가 없는 신의 형상인 링감이다. 쉬바
가 "까일라스**가 나의 거처이지만 나는 아루나짤라이다"라고 말했을 때, 그것은 그가
언급하고 있던 이 성스러운 언덕인, 형체가 쉬바 그 자신인 빛의 기둥으로 신성과 만
나는 곳이다. 인도에서는 죽음의 순간에 영혼이 비현현의 신성한 존재에 합쳐진다고

---

* 사실상 짤라chala는 "움직이지 않는"을 의미하므로 문자상으로는 "붉고 움직이지 않는 것"이다.
** 쉬바의 헌신자들뿐만 아니라 티베트 불교도들에게도 존경받는 티베트의 신성한 산

믿는다. 신성한 아루나짤라의 헌신자들에게 있어서 그 언덕은 그 자체가 비현현에게로 가는 입구이다. 그리고 죽음의 순간에 그것을 통해 절대자에게로 흡수되어야 한다. 시간이 지남에 따라, 동물이든 인간이든 모든 피조물의 생명력은 결국엔 몸을 떠나 원래의 근원으로 돌아가야 한다.

30년대 초반에 개 재키는, 사냥꾼에게 상처를 입어서 밤늦게 숨을 거둘 때까지 바가반의 보살핌을 받았던 사슴 발리*처럼 바가반의 팔에서 평화롭게 죽음을 맞이한다. 1946년 쩬나이에서 라마나따 브람마짜리 또한 아쉬람 공동체에 충격을 주며 세상을 떠난다. 그리고 같은 해에 검은 소가 병이 나서, 바라봄으로 바가반의 입문을 받은 지 5분 만에 육체를 떠난다.** 1948년 6월 중순, 슈리 바가반의 마하니르바나***의 2년 전에, 락슈미는 병이 난다.

락슈미는 항상 건강했다. 그녀는 평생 활기차고 생기가 넘쳤다. 그러나 스물두 살 때 그녀는 18-20세라는 소의 예상 수명을 넘어섰다. 그때 그녀는 곧 회복될 거라는 희망이 있었지만 실제로는 다음 며칠 후에 그녀의 상태는 점점 나빠진다. 그녀의 상태에 대한 소식을 듣고, 침울한 분위기가 아쉬람에 스며들면서 모두의 얼굴에 걱정이 인다. 몇 년 동안 락슈미와 아주 가까워진 수리 나감마는 그녀를 돌보기 위해 가까이에 있는다. 고살라에서…

나감마: (한 헌신자에게) 락슈미는 몸이 좋지 않습니다. 지난 며칠 동안 그녀는 아무 것도 먹지 않았습니다.

헌신자: 바가반은 아십니까?

---

* 아주 어릴 때 바가반에게 데려와진 발리처럼 재키는 아쉬람에서 가장 사랑을 받았다.
** 전체 이야기는 부록 I 참조
*** 육체로부터 해방되다.

나감마: 그가 그것을 모를 수 있을까요? 그는 항상 여기에 오십니다. (멀리서 바가반이 오고 있는 것이 보인다) 저기 보세요, 제 말이 무슨 말인지 아시겠죠? 그가 오고 있네요!

바가반: (락슈미에게 다가가며) 기분이 어떠니 락슈미?

락슈미는 고개를 들어 애처롭게 바가반을 쳐다본다.

나감마: 바가반, 뭐가 문제인지 모르겠습니다. 그녀는 기운이 다 빠져서 그냥 여기에 누워 있습니다. 가슴 아픈 광경이네요.

바가반: 정말 가슴이 아프구나! 어떻게 해야 할까? 질병은 인간에게도 그렇듯이 동물도 괴롭히는구나. 락슈미는 병이 났다. (그녀를 연민어린 눈빛으로) 사랑하는 락슈미! 너는 아주 지치고 허약해 보이는구나.

바가반은 무릎을 굽혀 그녀를 어루만진다. 락슈미는 자기 상태에 체념해서 슬퍼 보이지만 그래도 바가반이 가까이에 있어서 기쁘다. 그녀에게서는 싸우려는 의지가 보이지 않는다. 그녀는 용감하고 차분하게 자신의 운명을 받아들인다.

나감마: 의사가 왔었습니다. 그가 약을 좀 먹였습니다.

바가반: 그는 최선을 다했다. (락슈미는 슬프게 바가반을 쳐다본다) 오늘 밤 편히 자거라, 얘야! 모든 게 잘 될 거야.

바가반이 떠난다.

다음날

6월 18일, 락슈미는 악화된다. 송아지들을 위한 외양간은 비워져서 청소되었고, 그녀가 누울 수 있는 지푸라기 침대가 마련되었다. 금요일에, 그녀는 평소처럼 강황 반죽, 꿈꿈, 그리고 화환으로 장식된다. 벤께뜨라뜨남[*]이 옆에 앉아 그녀에게 부채질을 해 준다. 많이 아프지만, 그럼에도 불구하고 그녀의 빛은 고살라 곳곳으로 퍼져나간다.

고살라에서 계속 그녀를 돌보던 나감마는 잠시 홀로 돌아간다. 그 사이에 락슈미는 훨씬 더 악화된다. 우유 배달원과 고살라 수행원이 당황하여 바가반에게 서둘러 간다. 아쉬람을 방문 중인 자가데사 샤스뜨리[**]가 1, 2분 후에 그들 뒤를 따라간다…

우유배달원: 바가반! 바가반! 락슈미가 경련을 일으키고 있습니다.

고살라 수행원: 바가반! 직접 가서 보세요.

밖에서 외침이 들린다…

멀리서 들리는 목소리: 나감마! 나감마! 락슈미가 위중한 상태예요! 어서 오세요!

바가반: 나감마, 저것은 자가데산의 목소리 같구나.

나감마: 네. 그가 락슈미의 위중한 상태를 알리고 있네요.

바가반: 지금 가는 게 좋겠다!

---

[*] 1940년대 잠깐 동안 슈리 바가반의 수행원
[**] seminal text와 찬가를 산스끄리뜨로 짓고 번역한 산스끄리뜨 학자

바가반이 고살라에 들어갈 때, 락슈미는 숨을 제대로 못 쉬고 입에는 거품을 문 채
바닥에 누워 있다. 바가반은 그녀 옆의 건초 위에 앉아서 수건으로 그녀의 입을 닦아
준다. 그러는 동안 부엌에서 온 요리사들 중의 한 명이 음식을 가져온다...

바가반: (아쉬람 주민에게) 저것이 무엇인가?

요리사: 달콤한 뽕갈입니다.

고살라 수행원이 락슈미에게 뽕갈을 약간 먹이려고 한다. 그녀는 힘없이 그것을 핥
아먹는다.

입문

바가반은 다정한 어머니처럼 그녀의 머리를 자신의 무릎에 얹고, 그녀를 잡고 그녀
의 얼굴과 목을 쓰다듬는다. 곧 그녀의 호흡이 안정되고 듣기 좋게 된다. 바가반은 그
녀를 껴안고 그의 뺨을 잠시 그녀에게 댄다. 두 쌍의 눈은 서로 만나고 둘의 얼굴에서
눈물이 흘러내리기 시작한다. 이런 아주 친밀한 상황을 지켜보며 서 있는 사람들은 감
정을 억누르지 못하고 조용히 울기 시작한다. 바가반은 그의 얼굴을 락슈미에게 대
며 그녀를 가볍게 쓰다듬는다. 둘은 거의 약 30분 동안 서로를 응시한다. 바가반은 눈
을 그녀에게 고정시키고 마치 입문을 행하듯이 왼손을 락슈미의 머리에 놓고 오른손
의 손가락으로 그녀의 목을 지긋이 누르며 가슴 센터 쪽으로 쓸어내리며 어루만진다.
모인 사람들 모두가 감동적인 광경에 흠뻑 빠진 채 이렇게 시간이 좀 더 흐른다. 그때,
부드러운 목소리로...

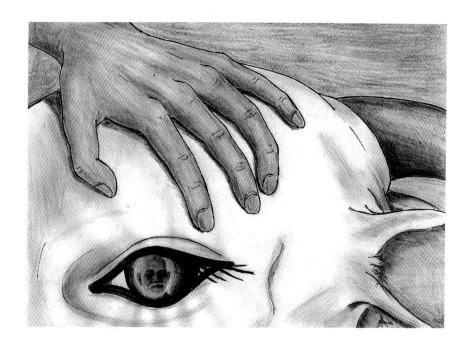

바가반: (락슈미에게) 무슨 말이니, 암마? 내가 갈까?

긴 시간의 침묵.

수발락슈미암마: (속삭이는 목소리로) 바가반이 옆에 있으면 그녀는 행복해할 거예요.

바가반: 그렇긴 하지만 무엇을 해야 할까? (잠시 멈추었다가, 락슈미에게) 내가 어디에 있든 나는 절대 너를 떠나지 않을 것이다. 항상 너와 함께 할 것이다!

락슈미는 바가반을 올려다보며 조용히 있는다. 그녀의 표정은 침착함을 나타내는데, 그것은 세상에서의 마지막인 그들의 이 만남에서 그녀는 주인으로부터 듣는 가장 마지막 말들 안에 담긴 진리를 아는 자, 위상 있는 헌신자만이 표현할 수 있다. 잠시 후 바가반이 떠난다. 모인 사람들은 조용하게 속삭이는 소리로 악샤라마나말라이를 읊조리기 시작한다.

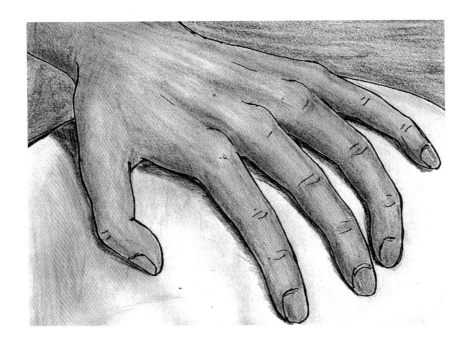

8장
마하니르바나

오전 10시 30분 수의사가 다시 와서 주사를 놓지만 락슈미는 더 이상 몸이 자기 것이 아닌 것 마냥 아무렇지도 않게 있다. 아무런 고통도 없고 그녀의 모습은 깨끗하고 차분하다. 그는 종기에 연고를 발라주기 위해 난디의 자세로 그녀를 뒤집는다. 11시 30분에 벤께뜨라뜨남이 아직 참석하고 있는 나감마를 찾으러 돌아온다. 몇 분 안에 나감마 바로 옆에서, 락슈미는 조용히 마지막 숨을 쉬고는 마침내 슈리 라마나의 발에 이르러 영원히 그에게로 흡수된다. 그러는 동안 바가반이 조용히 식당 밖으로 나와서 잠시 산을 거닐다가 고살라로 돌아온다...

바가반: 끝났는가? (참석한 사람들은 바가반이 무릎을 꿇고 락슈미의 얼굴을 양손으로 잡는 것을 아무 말 없이 바라본다.) 오 락슈미, 락슈미! (그러다가 나머지 사람들에게) 그녀 덕분에 우리 가족은 이렇게 식구가 늘었다!

모두 그녀를 칭송한다.

바가반: 이것을 알아차렸는가? 그녀의 오른쪽 귀는 지금 위를 향하고 있다. 어제 이전까지 그녀는 반대편으로 누워 있었다. 거기에 종기가 났기 때문에 이쪽으로 뒤집어졌다. 그래서 이 귀가 지금 위로 향하고 있는 것이다. 까시* 에서 죽는 사람의 경우에, 쉬바 신이 오른쪽 귀에 속삭여 준다는 말이 있다. 락슈미도 오른쪽 귀를 위로 향하고 있다!

그때 여러 명의 헌신자들이 도착했다. 바가반은 홀로 가려고 일어서다가 찐나스와미를 본다...

바가반: 라마크리슈나** 가 락슈미를 위한 멋진 사마디를 지어야 한다고 지난 열흘 동안 말해왔다.
찐나스와미: 그녀를 어디에 묻을까요?
바가반: 물론 아쉬람 안이지! 그녀를 발리와 재키 옆에 있게 하라.

바가반은 나간다.

---

* 베나레스
** 한때 바가반의 수행원

애도의 날

그날 중에 헌신자들이 꽃을 가지고, 기도를 바치며, 락슈미의 몸에 성수를 뿌리면서 경의를 표하기 위해 온다. 고살라 안의 공기는 생기 넘치는 평온과 힘으로 충전된다. 헌신자들은 옆이나 밖에 서 있고 락슈미의 죽음에 대한 상황을 낮은 목소리로 의논한다.

헌신자: 바가반의 어머니가 생명이 쇠약해지고 있던 때에 바가반은 똑같이 하셨습니다. 그는 어머니의 머리를 자신의 무릎에 누이고 오른손은 그녀의 가슴에 왼손은 그녀의 머리에 놓고 얼마 동안 그렇게 있었습니다.

아쉬람 주민: 그렇습니까?

헌신자: 락슈미는 손길과 눈길로 바가반의 입문을 받았으니 최고로 축복받았습니다.

아쉬람 주민: 네, 정말 그렇습니다!

장례식

그러는 사이에 매장 터에서 일이 시작된다. 다른 동물들의 무덤 옆에 구덩이가 파진다. 그날 저녁 6시 30분, 찐나스와미가 나무 수레를 이용해서 락슈미의 사체를 바가반의 바로 맞은편의 구덩이 가까이로 가져온다. 헌신자들은 바가반이 락슈미의 삶 이야기를 들려

주는 동안 그녀의 몸 위로 물을 붓기 위해 병을 가져온다. 그는 그녀의 상냥하고 다정한 본성과 지성을 칭송하며 말한다.

바가반: 그녀는 전생에 아마 사다까[*]였을 지도 모릅니다. 그것이 그녀를 해방에 이르게 하기 위해 아쉬람으로 데려올 수 있게 만들었습니다!

우유, 커드, 기, 설탕, 그리고 장미수로 아비셰깜[**]이 행해진다. 마지막으로 비단 천이 그녀를 휘감는다. 죽음의 기색이 보이지 않고 빛나고 평화로운 락슈미의 얼굴은 마지막으로 강황과 꿈꿈으로 단장된다.

바가반: 어머니 때도 똑같았다. 아비셰깜이 다 끝날 때까지도 얼굴의 윤기가 사라지지 않았다.

베다 챈팅과 함께 마지막 의식이 행해진다. 그녀 종족의 여왕인 고마따 락슈미는 숭고한 사람에게 행해지는 의식을 받는다. 헌신자들이 바친 많은 화환과 장뇌 아래에 거의 보이지 않는 그녀의 몸은 서서히 무덤 아래로 내려앉고 모인 사람들은 외친다. "하라 하라 마하데브(신에게 영광을!)" 바가반은 아주 많이 슬퍼하면서 마지막으로 한 줌의 비부띠[***]를 그녀에게 던지고 다른 사람들도 따라한다. 그러고 나서 구덩이는 소금으로 채워진다. 접시 위의 장뇌에 불이 붙여져 묘지 위에서 흔들리고 모인 모든 사람들은 경건하게 불길을 만진다. 그런 다음 구덩이는 흙으로 채워져서 덮인다.

---

[*]   영적 구도자
[**] 의식상의 씻김과 성유 바르기
[***] 신성한 재

현재 달력을 물어본 후 그날 저녁 늦게 바가반은 벤바* 운율로 된 이 따밀 시를 짓는
다.

◈

사르바다리 해의
아니달 5일 금요일
차오르는 달의 상
음력 12일, 비사깜 아래에서
소 락슈미가 비묵띠**에 이르렀다.

◈

바가반의 요청에 따라, 찐나스와미는 락슈미의 사마디를 위한 묘비명으로 검은 돌
에 새길 것을 지시한다. 묘지 위쪽에 큰 사마디 성소가 지어지고 실물에 가까운 락슈
미 동상이 그곳에 세워진다.

---

* 경구
** 해방

에필로그

락슈미에 대한 추모

6월 23일, 아쉬람 사진사 크리슈나스와미 박사의 편지는 흥미로운 메시지를 전한다. 그것은 락슈미의 해방 후 네 시간 만에 그의 집의 소 한 마리가 암송아지를 낳았다는 것이다. 처음에 그녀는 뿌슈빰*이라는 이름이 지어졌지만 락슈미의 해방 소식을 듣고 "락슈미 뿌슈빰"이라고 다시 명명되었다.

며칠 후에 락슈미를 위한 열흘간의 추모 뿌자가 열렬히 거행된다. 한 헌신자는 시예드 박사가 쓴 락슈미에 대한 기사는 물론 바가반의 시를 읽는다. 이로부터 며칠 후, 장기 헌신자이며 기록자인 데바라자 무다리아르는 바가반이 락슈미의 이 세상에서의 죽음을 언급하기 위해 비묵띠를 비유적으로 의미한 것인지, 아니면 있는 그대로의 뜻으로 말했는지를 물으며 바가반이 쓴 시에 대해 질문을 한다. 바가반은 그녀의 마지막 해방으로서의 말 그대로의 비묵띠를 의도한 것이라고 대답한다.

다음 몇 주, 락슈미의 마지막 해방에 대한 말이 퍼져나가서 아쉬람과 주변 지역의 헌신자들 사이에서 많은 논의를 불러일으킨다. 헌신자들은 질문을 한다. 헌신자들의 질문에 간단한 끄덕임이나 조용한 미소로 대답을 하는 습관을 가진 바가반은, 이 경우에는 락슈미에 대한 질문에 재치 있게 받아넘기며 그것들에 직접적으로 참여한다. 한

* 성스러운 어머니의 이름들 중의 하나

질문자는 락슈미가 께라이빠띠의 환생이라는 가정으로 발언의 말문을 열면서, 동물은 해방될 수 없다는 것을 당연하게 받아들이고, 계속해서 께라이빠띠가 바가반 아래에서 신성한 봉사를 마친 후에 왜 소로 돌아와야 했는지를 묻는다.

바가반: 인간으로의 탄생이 반드시 최고라거나 인간이어야지만 깨달음을 얻는다는 것은 사실이 아니다. 왜 다른 피조물들이 해방을 얻을 수 없겠는가?

또 다른 방문객이 동물들이 해방을 얻는 가능성에 대해 비슷한 질문을 한다. 바가반은 잠시 동안 조용히 앉아 있다가...

바가반: 가시덤불에 해방을 부여하는 위대한 영혼에 대한 찌담바라 마하뜨미얌*에 나오는 이야기를 들은 적이 없는가?
방문객: (놀라워하며) 네? 바가반, 저희에게 그것을 들려주십시오.
바가반: (다음의 이야기를 들려준다) 한 번은 신 나따라자**의 글로 쓴 요청으로, 찌담바람의 현자, 우마빠띠 쉬바짜르야는 비천한 태생이며 가장 낮은 계급인 사람이 해방을 얻을 수 있게 했다. 뻬딴 삼반이라고 불린 이 온화한 영혼은 밝은 불길로 변화해서 신성에게로 합쳐졌다.

현자의 적들은 왕의 앞으로 가서 그가 뻬딴 삼반을 불태워서 죽였다고 말하며 그를 살인죄로 기소했다. 왕과 그의 수행원들이 조사를 하러 왔을 때, 현자는 왕에게 나따라자 신의 편지를 보여주며, 그는 단지 뻬딴이 지고의 존재와 합일을 하게 함으로써

---

* 따밀 나두의 찌담바람이라는 신성한 사원의 도시와 관련 있는 성스러운 문서
** 나따라자는 종종 춤추고 있는 것으로 묘사되는 쉬바의 형상 중 하나이다.

그에게 입문을 준 것이라고 말했다.

빼딴 삼반의 비천한 태생 때문에, 왕은 빼딴 삼반이 실제로 해방되었다는 것을 의심했고, 현자를 덫에 빠지게 하려는 생각으로 가장 낮은 계급의 누군가에게 해방을 준다면 근처에서 자라는 가시덤불에도 또한 그것을 줄 수 있어야 한다고 말하면서 그를 시험했다!

시험을 가슴에 받아들이고, 현자는 말했다, "어떤 의심이 있습니까?" 그리고는 그는 옆에 서 있는 가시덤불에 나야나 딕샤*를 행했는데 그것은 명백히 곧바로 순수한 빛으로 사라지면서 또한 높은 수준의 의식으로까지 진화했다!

이 광경에 놀랐지만 그럼에도 왕은 완전히 만족스럽지가 않고 눈 속임수를 의심했다. 그래서 그는 나따라자 신에게 직접 물어보러 갔다. 왕과 그의 수행단이 신 나따라자의 사원에 도착했을 때, 그들은 빼딴 삼반과 가시덤불이 신의 양옆에 하나씩, 나따라자와 함께 나타나는 것에 깜짝 놀랐다.

락슈미 해방 기념일

1949년 6월, 락슈미의 마하니르바나 첫 기념일이 가깝다. 바가반은 출판 일로 멀리

---

* 입문

나가 있던 수리 나감마가 있는지 보려고 홀을 둘러보고 있다. 바가반은 그녀에 대해 매일 묻는다. 나감마가 없는 곳에서 그녀가 락슈미에 대해 쓴 일대기가 홀에서 낭독된다. 그녀가 추모 뿌자를 잊은 것이 걱정이 되어 말한다.

바가반: 락슈미가 마지막 숨을 거둔 것이 그녀의 손에서였으니 수리 나감마가 여기에 있어야만 하는데!

마침내 수리 나감마가 실은 막 도착했다고 그녀의 올케가 전한다. 잠시 후 나감마가 올케와 함께 홀로 다가오고 바가반이 그들을 발견하고는 부른다. 둘은 바가반 앞에 엎드린다.

바가반: 나감마 잊었는가? 오늘은 락슈미의 해방 기념일이다! 그대는 시간에 맞게 도착했구나!

나감마: 바가반의 은총입니다!

바가반: 오늘 아침 그대의 올케가 그대를 대신해서 그대가 쓴 락슈미의 일대기를 읽었다. (둥그렇게 모여든 다른 사람들에게 말을 하며) 나감마는 66개의 2행 연구[*]로 락슈미의 일대기를 썼다. 그녀는 락슈미를 자기 가슴에 간직했고 그녀의 삶을 너무나 아름답게 칭송했다. 무다리아르, 그대는 나감마가 쓴 것을 들으려고 거기 있었는가?

무다리아르: 네 그랬습니다. 나감마가 그렇게 생생하고도 자세히 쓴 락슈미의 일대기를 제가 놓치겠습니까?

나감마: 아니, 아닙니다! 저는 단지 바가반의 은총으로 썼을 뿐입니다. 이 모든 것은

---

* 완전한 번역본은 부록 Ⅱ 참조

바가반의 쁘라사드입니다.

무다리아르: 모든 사람이 이런 쁘라사드의 축복을 받지는 않습니다. 저 역시 락슈미에 대해 그렇게 아름답고 깊이 있게 쓰고 싶습니다. 시를 쓰는 나감마의 재능을 갖지 못했기에, 저는 부득불 산문과 공통어에만 제 자신을 국한시킵니다.

나감마: 당신은 바가반의 은총을 충분히 받았습니다. 당신은 언제나 바가반과 함께 있습니다. 당신은 락슈미에 대해 꼭 쓸 것입니다!

무다리아르: 당신의 말이 사실이기를. 바가반의 은총으로 당신의 말이 저에게 작용해서 제가 글을 쓰게 만들기를!*

다음 날, 락슈미의 마하니르바나 기념일을 축하하기 위한 뿌자가 아주 기쁘고 헌신적으로 거행된다. 락슈미의 석상은 아비셰깜에서 씻기고 성유가 발라진다. 그리고 참석한 많은 헌신자들은 락슈미의 해방에 대한 이 기념행사에서 바가반의 은총과 현존으로 축복을 받는다.

맺음말

늦은 여름의 어느 이른 저녁, 대기는 귀뚜라미와 매미 소리로 가득하다. 바가반은 홀에 잠시 동안 조용히 앉아 있은 후에, 무엇인가를 분명히 떠올리고는 일어서서 혼자 밖으로 나가 고살라쪽으로 간다. 가는 길에 그는 나감마를 만난다...

---

* 데바라자 무다리아르는 다른 작품들 가운데에서도 높이 평가받는 Day by Day with Bhagavan의 작가이다.

바가반: 이리 오라, 나감마, 이리로 오라!

나감마: 바가반은 고살라에 가시는 중인 것 같군요.

바가반: 그렇다. 락슈미의 아이들이 보고 싶구나. 이리 오라!

둘은 천천히 여유롭게 걸어간다.

바가반: (저 멀리서 바가반은 크고 갈색인 황소를 발견한다) 저기! 저기에 큰 녀석이 보이는
가? 저 아이는 락슈미의 아들이다! (더 가까이 가면서) 그리고 여기 이 아이, 이 아이는 락
슈미의 딸이다 그리고 저 아이, 저기 보이는가…. 저 아이는 락슈미의 손녀이다!

나감마: 바가반은 어떻게 그들을 구별할 수 있습니까?

바가반: 그들은 각각 락슈미의 얼굴을 가지고 있다, 그렇지 않은가? 하지만 그들 중
누구도 락슈미가 했던 것처럼 나에게 오지 않는 것이 이상하지 않은가?

나감마: 네, 바가반! 그것이 이상합니다. (잠시 쉬어서 몇 분간 깊이 생각해본다) 이 모든 것
이 바가반의 은총으로 일어납니다. 우리가 지금 바가반의 신성한 존재에 접근할 수 있
게 된 것은 신성한 안내에 대한 전생에서의 한결같은 바람 때문입니다!

바가반: 선한 까르마가 있어야 한다는 것은 사실이다. 그것만이 구루와 제자가 서로
영적 접촉을 할 수 있게 한다. 구루와 제자 사이의 친밀한 소통은 우연히 일어나는 것
이 아니다.

잠시 침묵이 흐른다.

바가반: 빨라니스와미[*]의 마지막이 가까워지고 있을 때 나는 그에게 손을 올려놓았는데 한 손은 그의 가슴에 다른 손은 그의 머리에 얹었다. 하지만 생명을 유지하는 숨이 그의 눈에서 빠져나갔다.

나감마: 그랬습니까?

바가반: 어머니가 마지막 단계에 계실 때 나는 그녀의 머리와 가슴에 손을 올려놓았었다. 그녀의 과거의 모든 성향들이 천천히 줄어들었다. 그녀의 생명력이 빠져나간 후에도 나는 얼마 동안 계속해서 그녀에게 나의 손을 대고 있었다. 그녀가 거쳐야 했던 모든 탄생과 죽음들이 소진되었다.

나감마: 바가반은 락슈미에게도 똑같이 은총을 내려 주셨습니다.

바가반: 그렇다, 어머니와 마찬가지로 모든 바사나는 마지막 단계에서 완전히 뿌리 뽑혔다.

나감마: 하지만 바가반은 락슈미가 마지막 숨을 거둘 때까지 함께 하지 않았습니다.

바가반: 왜 그런지 아는가? 그녀에게는 아무런 성향이 남아 있지 않았다!

나감마: 그녀는 정말 축복을 받았군요 바가반! 이들 셋은 그들 삶의 마지막 시간에 바가반의 신성한 손길로 축복을 받았습니다. 그들은 최고의 명성을 가진 고귀한 영혼입니다!

나감마가 말하고 있을 때, 그녀와 바가반은 고살라에서 천천히 나와서 저녁 챈팅을 위해 다시 다르샨 홀 쪽으로 향한다. 일몰이 다가오면서 붉은 태양의 빛나는 테가 서쪽 하늘로 사라져 가는 동안, 아쉬람과 주변 자연에는 찾아볼 수 없는 고요함이 퍼진다. 홀에서 나감마는 바가반 앞에 엎드린다. 하루가 지는 동안에 헌신자들이 모이고

---

[*] 바가반의 첫 헌신자

악샤라마나말라이의 저녁 암송을 시작한다. 바가반은 진정 지고의 신과 같이 소파에 앉아 그의 흔들림 없는 시선을 위에 있는 신성한 아루나짤라에 고정시킨다.

◈

50년이 더 지난 오늘에도
슈리 라마나스라맘은 락슈미의 사마디에서
매주 금요일 아침 그리고 밧뚜 뽕갈일과
락슈미의 해방 기념일인 6월 18일에
특별한 뿌자를 행한다
지금 아쉬람에 살고 있는 115마리의 소들 가운데서
상당한 수가 락슈미의 직계 후손이다.

◈

부록 I

검은 소의 마지막 날들

아쉬람의 검은 소는 심각한 질병으로 고통 받고 있었다. 그녀는 사흘 동안 아팠지만, 바가반은 그녀를 보러 오지 않았다. 1946년 4월 26일, 그녀는 마지막 죽음의 몸부림을 치고 있었다. 아침부터 고통받고 있었지만 그녀는 오후 5시까지 숨을 거두지 않았다. 오후 4시 45분, 바가반은 평소처럼 고살라로 가기 위해 일어났다. 돌아오는 길에 그  는 송아지들을 위해 지어진 헛간에 들러 그녀를 보았다. 바가반은 친절함의 화신이기 때문에 그의 가슴이 연민으로 녹아내린 것은 당연하다. 그는 친절한 표정으로 소에게 호의를 베풀고 돌아와서 평소처럼 소파에 앉았다.

그의 상냥한 눈길이 그녀에게 떨어진 후, 그녀의 몸에서 생명력이 단 5분간 더 유지되었다. 그것을 받자마자 그녀가 육체를 떠난 걸 보면 그녀는 분명 그의 자애로운 눈길을 기다리고 있었던 것이다.

만약 죽음의 순간에 신을 생각할 수 있다면, 그들은 속박으로부터 해방된다고 한다. 죽음의 순간에 바가반의 신성하고도 자애로운 눈길로 자유롭게 되다니 이 소는 얼마나 운이 좋은가! 병든 동물을 보러 갈 때 그는 가끔 그들이 죽음의 문턱에 있는 것을 알게 되고, 그럴 때면 종종 그들은 그로부터 얼마 후에 평화롭게 죽음을 맞이하게 되었다고 바가반은 우리에게 말했다. 이것은 하나의 예이다.

1946년 4월 26일, 라마나스라맘에서 온 편지들

예배하는 어린 송아지 이야기

아쉬람에는 헌신자의 집에 들어가서 보이는 것은 뭐든지 먹는 습성을 지닌 어린 송아지가 있었다. 어느 날 저녁 어두워진 후에 송아지가 와서 내가 머무는 곳에 들어가는 것을 봤다고 누군가 나에게 말했다. 나의 애정으로 그 어린 것을 환영해주리라 기대하고 나는 집을 찾아봤지만 아무 소용이 없었다. 마침내 나는 바가반의 사진이 걸려  있는 방에 갔고 거기에서 송아지를 보았다. 송아지는 입으로 바가반의 사진을 만지며 바가반의 눈을 바라보고 있었다. 어쩌면 송아지는 내가 거기 있다는 것을 눈치 채지 못했거나 신경 쓰지 않는 것 같았고 그 자리에서 꼼짝도 하지 않았다. 이 어린 송아지가 그러는 것처럼 바가반의 눈을 그렇게 강렬하게 쳐다본 적이 없었다는 사실에 시종 부끄러움을 느끼면서 나는 잠시 지켜보며 거기에 서 있었다.

이 편집된 부분은 1983년 11월 아루나짤라 라마나 2권 No.11에 나오는 기사에서 발췌한 것이다.

부록 Ⅱ : 락슈미에 대한 시들

소 락슈미의 역사 - 수리 나감마

텔루구어로 된 락슈미에 관한 수리 나감마의 칭송받는 시(그녀의 슈리 라마나 까루나 빌라삼)에 대한 이 의역은 영어로는 최초이다.

찬란한 빛 속에서 영화롭고, 신성한 라마나가 다스리는

소들의 여왕 락슈미는 절정의 고귀한 인격이다!

훌륭한 헌신자 아루나짤람 삘라이는 그의 구루에게 소를 바치기를 원해서

그 해에 헌신을 맹세하고 아름다운 소를 데려왔고,

꾸마라망갈람 마을로부터 어미와 함께 아기 락슈미가 왔다.

"그대의 공물은 바쳐졌다" 구루는 말했다. "그들을 데려가서 우리를 대신해 키워라."

하지만 삘라이는 대답했다. "제 목을 자른다고 위협을 한다 해도 저는 그들을 도로 데려가지 않을 것입니다."

석 달 동안 지치지 않고 라마나따가 그들을 돌봤지만, 그 일에 실패했다고 고백하면서 넘겨주었다.

시내에 사는 빠수빠띠라는 이름의 한 헌신자가

"이것은 바가반의 재산이다. 그것을 보호하라."라는 요청을 받자 그것을 마음에 두

고 그 도전에 응했다. 그래서 어미와 송아지는 그에게 넘겨졌다.

그는 그들이 바가반의 가장 소중한 재산인 마냥 헌신적으로 정성을 다해 키웠다.

일 년이 지난 후, 어느 날 빠수빠띠는 목욕 의식과 구루의 다르샨을 위해

어미 소와 송아지를 데리고 가서 구루의 신성한 발 앞에 꿇어앉았다.

하루가 끝날 때, 갈증을 풀고 나서 그는 더 나아가 빨리 띠르땀의 신성한 물에 담금으로써 자신을 깨끗이 했다.

돌아오는 길에, "락슈미"는 아쉬람으로 오고 가는 길을 익혔다.

명민한 두뇌로 그녀는 "순다람의 아들"을 그녀의 구세주이고 지배자이며 보호자로 결정지었다.

그래서 낮 동안에는 존경받는 이를 섬기고, 저녁에는 할 수 없이 떠나면서, 매일 변함없이 돌아왔다.

"왜 저와 떨어져 계십니까?" 그런 숭고한 생각이 그녀의 마음을 사로잡으면, 괴로움의 눈물이 그녀를 가득 채웠다.

"사랑하는 아버지, 저를 다정하게 대해주세요, 그렇게 해 주실 거죠? 저는 떠날 수 없어요!" 락슈미는 말했다.

그러면 고결한 주인은 딸을 안아주는 아버지처럼 그의 손으로 그녀를 안아 주었다.

바가반이 많은 과일과 먹을 것을 베풀어 주었을 때, 그녀는 한없이 기뻐하며 호화롭게 먹었다.

그녀가 채소밭에서 즐겁게 만찬을 즐겼을 때, 보던 사람들이 위협을 가하며 개입했다.

그녀는 슬퍼져서 그녀의 주인의 발 밑에서 조용히 부끄러워하며 돌처럼 굳어서 서 있었다.

하지만 그녀의 감성에 감명을 받은 주인은 그녀를 위로했고 위협한 사람들에게 주

의를 주었다.

이렇게 말썽을 부리는 행동은 주인의 보호 아래 벌을 면했다.

락슈미는 식사 시간을 알고 매 끼니 전에 정확히 찾아왔다.

"락슈미가 왔구나! 시간이 되었는가?" 주인은 시간을 확인하려고 시계를 보며 물었다.

그녀는 언제나 아주 정확했기 때문에, 그녀의 구루는 "이 작은 말썽쟁이를 보라"라고 말하며 즐겁게 그녀를 향해 활짝 웃곤 했다!

사람들은 이것을 보고 들으면 "오! 놀랍군"하고 말했다. 락슈미는 매일 매일 변함없이 이 일과를 충실히 했다.

그녀는 주인의 자얀띠 날에 많은 새끼 송아지를 낳았다.

복된 그녀의 도착에, 아쉬람의 가축 무리는 번성했다.

길일에 대한 기도 후에, 고살라를 짓기 위한 날짜가 정해졌다.

시작하기로 한 상서로운 시간이 되기 30분 전, 락슈미는 소망을 이루어주는 신성한 소처럼 바가반에게 그녀의 집이 공사 중이라는 소식을 전하러 왔다.

그리고 시작일에 그녀는 길을 안내하기 위해 그를 부르면서 라마나 앞에 겸손하게 서 있다가 우아하게 앞에서 걸어갔다.

이렇게 해서 구루는 따라갔고 구경꾼들은 락슈미가 아침 해처럼 빛나는 바가반 뒤에서 고살라로 들어갔을 때 그녀의 놀라운 계획에 경탄했다.

그녀는 그녀의 이 우주적인 스승에게서 잠시도 떨어지지 않는다. 누가 이런 최고의 헌신을 능가할 수 있겠는가?

사람들은 락슈미가 시금치 할머니의 환생이라고 말하지만 아무도 이 깊은 비밀을 알지는 못한다.

이전의 목동 고빠라는 라마나로 왔다.

그러면 락슈미는 이 세상에 온 고대의 소의 여왕이 아닌가?

그렇지 않다면 어떻게 그녀가 하는 것처럼 누군가가 바가반의 은총을 흡수하겠는가?

언제나 바가반과 함께 하는 이 위대한 존재는 항상 겸손하고 온화했다.

"사르바다리" 해의 즈예스따Jyesta 달의 12일, 달이 차오르는 2주일,

금요일에, 그녀는 천상의 거처에서 쉬기 위해 육체를 떠났다.

옆에 서서 이 사건을 지켜보았으니 어떻게 나의 행운을 가늠할 수 있겠는가?

그녀가 영원히 육체를 떠나려 하는 것을 알고 바가반은 사랑으로 녹아내려 락슈미에게 다가가 그녀를 어루만지고 그의 손으로 그녀의 몸을 감쌌다.

"어머니!" 그는 그녀의 가슴과 머리에 손을 얹고 연민과 애정으로 그녀를 불렀다.

그 축복된 손길에, 락슈미의 얼굴은 빛났고,

그녀의 눈은 그녀의 광채를 사방에 퍼뜨리면서 신성한 빛으로 채워졌다.

그녀의 깊은 평온을 보고 바가반은 "지금부터는 걱정할 필요 없다"고 말하며 그 자리를 떠났다.

바가반의 은총으로 세상의 매듭은 잘려나갔고 영원한 길이 그녀 앞에 환히 놓였다.

그녀는 환영을 버린 채, 기쁨과 평온의 거처에서 달콤한 평화 안에 잠들다. 이렇게 헌신자들의 보호자가 선언한다.

누가 그녀와 똑같을 수 있을까?

어머니 알라감마와 이 세상의 락슈미는 같은 행운을 나눴다.

이 고귀한 품성이 까이발라야를 이루었음에 모두가 동의한다!

그들이 그녀의 쉴 곳으로 지은 곳에서 숭배가 행해질 예정이었다.

찐나스와미는 겸손과 애정으로 마지막 의식을 준비했다.

락슈미는 이 세상에서 살았던 22년, 그 모든 시간을 우주적 존재인 슈리 라마나에게 바쳤다!

그의 발에 합쳐지기 위해 이 어미 소 락슈미는 육체를 떠났다.

그녀는 명성을 사방으로 퍼뜨리며 위대한 유산을 남겼다.

락슈미는 열렬한 연민과 깨끗한 영광으로 라마나의 발에 영원히 거한다!

수리 나감마는 2행 연구로 이 시들을 지었고, 바가반의 은총으로 축복받았으며,

소 락슈미의 역사를 헌신적으로 노래했고, 청중으로부터 찬사를 받았다.

라마나 신의 연꽃 발에 영광을! 소 락슈미에게 영광을! 영원한 비현현, 그 따뜨밤의 은총에 영광을!

락슈미의 해방 - 마나바시 라마스와미 아이어

바가반의 발에 굴복하는 사람은 누구나 반드시 해방된다. 해방의 사실에 대해서는 더 이상 말할 필요가 없다. 심지어 그의 발에 안식처를 구하는 덜 지각 있는 존재들도 해방된다.

구디야땀에서 태어난 아루나짤라의 한 헌신자는 소와 송아지를 바가반에게 바치기로 결정했다. 그는 아주 기쁘게 마하리쉬에게 소를 데려왔다.

또한 바가반의 헌신자인 띠루반나말라이의 빠수빠띠는 풀을 먹이고 마치 자기 아이처럼 그들을 대하며 소와 송아지를 돌보았다.

이 소와 송아지는 규칙적으로 와서 아쉬람에서 풀을 뜯어먹고, 그의 신성한 손에서 직접 음식을 받아먹으며 저녁이 올 때까지 바가반과 머물곤 했다. 이렇게 송아지는 바가반의 보살핌으로 자라났다.

헌신자들에게는 바가반이 쁘라사드를 주는 시간을 어린 송아지가 어떻게 아는지는 볼만한 광경이다.

이 신성한 장소에 도착한 날부터 바가반의 손에서 시금치를 먹는 이 행운을 얻기 위해 그녀는 분명 어떤 고행도 했을 것이다.

그녀가 온 날 아쉬람은 번성해졌다. 큰 건물들이 많이 지어졌고, 많은 소들이 그녀의 혈통을 이었다.

그녀의 도착이라는 축복은 헌신자들을 위한 음식을 만드는 새로운 부엌이 있게 했고, 그 이후로는 헌신자들과 거주자들을 위한 음식에 더 이상 부족함이 없었다.

그녀의 상서로운 존재 덕분에 어머니의 성소를 위한 토대가 마련되었고 뿌자와 다른 행사를 정기적으로 수행할 수 있게 되었다.

22년 동안 그녀는 신성한 빛과 합쳐지기 위한 그녀의 해방의 시간이 올 때까지 그녀의 삶을 헌신하면서 아쉬람을 다정한 정원처럼 유지했다.

마지막 순간이 다가오고 있을 때, 바가반은 그녀의 모든 고통을 사라지게 만들었다. 딕샤 때 그는 "암마!"라고 소리쳤다. 그리고 그녀에게 연민의 손을 올려놓았다.

바가반은 "슬픔이 없고 지복으로 가득 찬 그것에 대한 준비가 되었느냐?"하고 물으며 그녀와 대화를 나누었다. 그러고 나서 그녀가 마지막 해방에 이르도록 도와주었다.

비샤까 나까샤뜨라, 사르바다리 해, 음력 12일(드바다시), 아니 달, 금요일, 5일, 아침 시간에, 헌신자들이 그녀의 주위를 둘러싼 채, 락슈미의 생명은 육체를 떠났다.

뿌자가 행해졌다. 영원한 기억으로 그녀를 위해 사마디가 지어졌고, 모두 "찬양하라!", "찬양하라"라고 말하며 강하고 어진 슈리 바가반 앞에서 그녀를 칭송했다.

요약하자면, 소의 옷으로 가려진 영혼이 바가반에게 와서 그에게 굴복했다. 그녀는 그의 믿음과 보살핌 아래 살았고, 수년 동안 여신처럼 소 락슈미로서 영광을 얻었으며 마침내 신성한 빛으로 다시 합쳐졌다.

＊ 원본 따밀 시에 대한 라가raga 방식이 이 충실하지 못한 영어로 번역되었다.

부록 Ⅲ

동물들의 해방에 관해

오직 인간의 삶 동안에만 진척이 이루어지고 까르마가 해소된다는 것이 일반적으로 받아들여지는 믿음이다. 하지만 슈리 바가반은 동물이 자신의 까르마를 해소하는 것이 가능하다는 것을 보여주었다. 그는 이렇게 말했다. "어떤 영혼들이 이 육체들을 빌려서 살고 있는지, 그리고 끝을 위해 그들이 끝내지 못한 자신들의 까르마 중 어떤 부분을 우리가 함께 하기를 청하는지 우리는 알지 못한다." 샹까라짜리야 또한 동물들이 해방에 이를 수 있다고 말했다. 게다가 현자 자다-바라따가 죽어가면서 그가 사랑하는 사슴에 대한 덧없는 생각에 얼마나 시달렸고 이 마지막으로 남아있는 집착을 지우기 위해 사슴으로 다시 태어나야만 했는지 하나의 뿌라나는 말해준다.

슈리 바가반은 그와 접촉하도록 운명이 명한 사람들에게나 동물들에게나 똑같은 배려를 보여주었다. 그리고 그에게 있어 동물은 사람보다 덜 매력적이지 않았다. 이미 구루무르땀*에서 새와 다람쥐는 그의 주위에 둥지를 짓곤 했다. 그 시절 헌신자들은 그가 세상에 집착하지 않는 만큼 그것을 안중에 두지 않는다고 생각했지만 사실 그는 예리하게 관찰했다.

그는 보통의 따밀 방식으로 동물을 '그것'이라 말하지 않고 항상 '그' 또는 '그녀'라고

---

* 슈리 바가반이 산으로 올라가기 전 초기에 18개월 동안 살았던 망고 과수원에 있는 사원

말했다. 식사 시간에는 개에게 가장 먼저 먹이를 주고, 그 다음에는 찾아온 거지들, 그리고 마지막으로 헌신자들이 먹는 것이 일반적인 아쉬람의 규칙이었다. 모두와 똑같이 나누지 않은 것을 받아들이는 것에 대한 슈리 바가반의 내키지 않음을 알기에, 그가 식간에 망고를 먹는 것을 보고 놀랐는데, 그러고 나서 나는 이유를 알았다. 망고 시즌이 막 시작되고 있었고 그는 그것이 바로다의 마하라니가 보내준 흰 공작에게 줄 만큼 익었는지를 알고 싶었다. 다른 공작들 또한 있었다. 그는 그들의 울음소리를 흉내 내어 그들을 부르곤 했고, 그들은 그에게 와서 땅콩, 쌀, 망고를 받아먹었다. 그의 육체적 죽음의 날, 고통이 끔찍할 거라고 의사들이 말했을 때, 바가반은 공작들이 옆에서 울부짖는 것을 듣고 그들이 음식을 받았는지 물었다.

　이것은 *라마나 마하리쉬와 참나 지식의 길*로부터 선별한 것을 편집했다.

부록 IV

역사상의 락슈미에 관한 주석

락슈미에 관한 앞의 대화들에서 구성, 극, 스토리텔링을 위한 단계를 명확히 하고 또한 락슈미의 삶에 대한 이야기에 흥미가 있는 젊은 헌신자들을 수용하기 위해 학문적인 목표는 잠시 보류되었다. 실제로 락슈미 삶에서의 사건들에 대해 알려진 것과 여기에서 유추했던 아쉬람 역사에 관련된 사람들을 위한 배려로 현재의 의견을 반영한다.

기록이 거의 없거나 출처가 서로 모순되는 장소들이 있기 때문에 각색을 위해 락슈미의 삶의 사건들을 차례대로 배열하는 것은 약간의 추측을 포함한다. 하나의 예가 락슈미가 처음 온 실제 날짜이다. 일반적으로 인정되는 무다리아르가 제시한 1926년 12월이라는 날짜는 1924년이라는 코헨의 날짜와 나라심하 스와미의 1928년이라는 묵시적인 날짜와 상충된다. 첫 번째 날짜(1926)는 "이것[아루나짤람 삗라이와 락슈미의 첫 도착]으로부터 일 년 후", 다르샨을 하고 빨리 띠르땀에서 목욕을 하기 위해 "일식 일에" 락슈미를 돌보는 자가 왔다라는 바가반의 말에서 지지를 얻는다(1948년 7월 24일 편지). 일식은 1927년 12월에 일어났다. 하지만 천문학 기록조차도 이 차이를 확실하게 해결해주지 않는다. 일식은 1926년 1월 14일에도 일어났기 때문에, 첫 번째의 도착일이 타당할 것 같다.

관련된 것은 락슈미가 이미 여러 번 송아지를 낳았음을 말하면서, 락슈미가 (1930년에) 아쉬람에 영원히 온 것을 둘러싼 정황에 대한 수리 나감마의 설명이다. 이것은 (샨

땀말 버전과는 일치하지만) 락슈미가 이 때 송아지를 한 마리만 낳았다고 하는 데바라자 무다리아르와 다른 사람들의 공인된 버전과는 상충된다. 만약 락슈미가 첫 방문에 나이가 6개월이었고 추측대로 그 첫 방문이 실제로 1926년 12월에 일어났다면, 그녀가 네 살 때까지 이미 세 번 송아지를 낳았다는 것은 (불가능하지는 않더라도) 그럴 것 같지는 않다.

이 책은 무다리아르의 공식 버전을 따르는데 이것은 단지 그것이 가장 널리 알려진 줄거리여서가 아니라 40년대에 바가반에게 온 수리 나감마가 헌신자들의 기억력에 의존해야만 했던 반면 무다리아르는 논란이 되는 시기에 아쉬람과 그 주변에서 살고 있었다는 사실 때문이다.

역사 공부에 관심이 있는 자들은 소 락슈미에 대한 주제를 포함한 아쉬람 문학의 거의 모든 정보의 관련 페이지를 적어 놓은 참고 문헌(p.130)을 찾아보라.

바가반이 직접 살펴보고 난 후, 그의 공식적 승인을 얻어서 무다리아르의 소, 락슈미는 특별한 관심을 받는 것인지도 모른다. 또 하나 흥미로운 것은 데이비드 가드먼의 현존의 힘 III의 "락슈미" 장에 해설과 함께 순서대로 배열된 일화들의 개요이다.

※ 여러 이유에서, 뒤에 언급한 날짜는 가능성이 낮다. 또한 락슈미가 빨리 띠르땀에서 태어났다는 나라심마 스와미의 의견은 다른 많은 정보들과 일치하지 않는다. 소는 임신 기간이 단 9개월이지만 보통 1년에 한 번 새끼를 낳는다. 일반적으로 두 살 반 전에는 첫 임신을 하지 않지만 두 살처럼 이른 시기에 시작할 수도 있다. 락슈미가 두 살 때 임신을 했다면 세 살과 네 살 때 다시 새끼를 낳았을 수도 있다.

주요 사건들의 연대표

1879   12월 30일, 월요일(쁘라마디 따밀 해의 마르가리) 뿌나르바수 별, 아르드라 다르샨 일. 오
전 1시 띠루쭐리에서, 어린 벤까따라만이 태어난다.

1891   띠루쭐리에서 기본 교육을 마친 후 딘디굴로 옮긴다.

1895   11월: 친척 어른이 그에게 말한 "아루나짤라"를 듣는다.

1896   6월 중순: 마두라이에서 완전하고도 영원한 깨달음이 되는 "죽음 체험"

8월 29일, 토요일: 아루나짤라로 떠난다.

9월 1일, 화요일: 아루나짤라에 도착해서, 천개의 기둥홀에서, 일루빠이 나무 아래에
서, 그리고 빠따링가(지하실)에 머문다.

1897   시내 외곽에 있는 구루무르땀으로 옮긴다(그 해 초에). 성소와 부근의 망고 과수원에서
머문다.

1899   언덕으로 옮겨 여러 동굴에서 머물지만, 주로 망고 나무 동굴을 여름 거처로 사용하며
비루빡샤 동굴에서 머문다.

1905   전염병이 확산되는 6개월 동안 빠찌암만 꼬일로 옮긴다.

1907   11월 18일: 바가반과 까비야깐따 가나빠띠 무니 사이의 중대한 만남. 바가반은 무니에
게 우빠데사를 전해준다.

1908   (1월–3월): 빠찌암만 꼬일(가나빠띠 무니와 다른 사람과 함께)에서 다시 비루빡샤 동굴로
돌아간다.

1916   스깐다쉬람으로 옮긴다.

1922   5월 19일, 금요일: 어머니의 마하 니르바나.

12월 중순: 현재의 슈리 라마나스라맘 자리로 옮긴다.

1926   여름: 꾸마라망갈람에서 락슈미가 태어난다.

       12월: 뻴라이가 바가반에 대한 공물로 어미 소와 송아지(락슈미)를 라마나스라맘으로 데
       리고 온다.

1930   락슈미와 그녀의 송아지가 아쉬람에 영원히 살러 온다. 큰 고살라가 계획되어 지어진다.

1939   9월 1일, 목요일: 어머니의 성소를 위해 바가반에 의해 기초가 마련된다.

1948   6월 18일, 금요일: 소 락슈미가 마하니르바나에 이른다.

1949   3월 17일, 목요일: 바가반이 참석한 가운데 어머니 성소의 꿈바비세깜.

1950   4월 14일, 금요일 저녁 8시 47분: 슈리 바가반의 마하니르바나. 그때 수천 명이 하늘을
       가로질러 북쪽으로 가서 신성한 아루나짤라 뒤로 사라지는 유성을 본다.

출처

* Ananta Murthy T.S. 슈리 라마나 마하리쉬의 삶과 가르침 Life and Teachings of Sri Ramana Maharshi, Dawn Horse Press, 클리어레이크, 캘리포니아, 1990, p.147.

* Cohen S.S. 구루 라마나 Guru Ramana. 슈리 라마나스라맘, 띠루반나말라이, 1998, pp.95-96

* Ganapathy. R. 슈리 라마나 마남- Part I(따밀) Sri Ramana Manam Part I. 슈리 라마나스라맘, 띠루반나말라이, 2000, pp.137-138(검은 소-pp.125-127)

* Ganesan. V. 기억된 순간들: 바가반 라마나의 회고담 Moments Remembered: Reminiscences of Bhagavan Ramana. 슈리 라마나스라맘, 띠루반나말라이, 1994, pp.85, 94, 100.

* Godman, David. 현존의 힘: 변형시키는 슈리 라마나 마하리쉬와의 만남 Part I. The Power of the Presence: Transforming Encounters with Sri Ramana Maharshi Part I. Avadhuta Foundation, Boulder Co., 미국, 2000, pp.109, 141.

* Godman, David. 현존의 힘: 변형시키는 슈리 라마나 마하리쉬와의 만남 Part II. The Power of the Presence: Transforming Encounters with Sri Ramana Maharshi Part II. Avadhuta Foundation, Boulder Co., 미국, 2001, p.37

* Godman, David. 현존의 힘: 변형시키는 슈리 라마나 마하리쉬와의 만남 Part III. The Power of the Presence: Transforming Encounters with Sri Ramana Maharshi Part III. Avadhuta Foundation, Boulder Co., 미국, 2002, pp.4-5, 37, 229, 271-297.

* Godman, David. 바가반의 말씀으로 살아가기 Living by Words of Bhagavan. 슈리 안나말라이 스와미 트러스트, 안나말라이 스와미 아쉬람, 빨라꼬뚜, 띠루반나말라이, 1994,

pp.52-54, 82-84.

* Greenblatt, Joan & Matthew. 바가반 슈리 라마나: 그림으로 보는 전기 Bhagavan Sri Ramana: A Pictorial Biography. 슈리 라마나스라맘, 띠루반나말라이, 2001, p.87.

* Kanakammal T.R. 소중히 간직한 기억 Cherished Memories. 슈리 라마나스라맘, 띠루반 나말라이, 2002, pp.36-38.

* Krishna Bhilkshu. 슈리 라마나 릴라: 바가반 슈리 라마나 마하리쉬 전기 Sri Ramana Leela: A Biography of Bhagavan Sri Ramana Maharshi. 슈리 라마나스라맘, 띠루반나말라이, 2004, pp.178, 182-183.

* Mallet, Pascaline. 동쪽을 향하라: 인도인의 삶 들여다보기 Turn Eastwards: Glimpses Into Indian Life. Rider and Co, Paternoster House, Paternosterr Row, 런던, E.C.4, 1938, pp.41-42.

* Mudaliar, Devaraja.A. 소 락슈미 The Cow, Lakshmi. 슈리 라마나스라맘, 띠루반나말라이, 1995.

* Mudaliar, Devaraja.A. 바가반 슈리 라마나에 대한 나의 회상 My Recollection of Bhagavan Sri Ramana. 슈리 라마나스라맘, 띠루반나말라이, 1992, pp.113-114.

* Mudaliar, Devaraja. 바가반과 함께 한 나날들 Day by Day with Bhagavan. 슈리 라마나스 라맘, 띠루반나말라이, 남인도, 1995, pp.103-104.

* Narasimha Swami B.V. 참나깨달음 Self Realization. 슈리 라마나스라맘, 띠루반나말라이, 2002, pp.176-178.

* Natanananda, Sadhu. 슈리 라마나 다르샤남 Sri Ramana Darsanam, Ed. David Godman, 슈리 라마나스라맘, 띠루반나말라이, 2002, pp.16-18.

* Natarajan. A.R. Timeless in Time: 슈리 라마나 마하리쉬 전기 Timeless in Time: Sri Ramana Maharshi A Biography. Ramana Maharshi Centre for Learning, 방갈로르, 2002, pp.245-250.

* Osborne, Arthur. 라마나 마하리쉬와 참나-지식의 길 Ramana Maharshi and the Path of Self-Knowledge. 슈리 라마나스라맘, 띠루반나말라이, 2002, pp.136-138.

* Ramanasramam. 슈리 라마나 마하리쉬: 짧은 인생 스케치 Sri Ramana maharshi: A Short

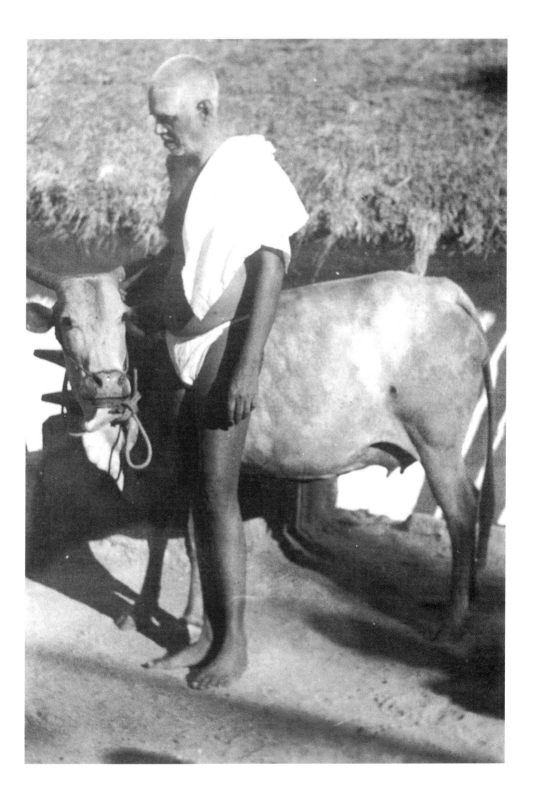

Life Sketch. 슈리 라마나스라맘, 띠루반나말라이, 2001. pp.27, 28.

＊ Shantammal. 라마나 스므르띠: 슈리 라마나 마하리쉬 탄생 100주년 헌납품 1980 Ramana Smrti: Sri Ramana Maharshi Birth Centenary Offering 1980에 있는 '영원한 바가반 Eternal Bhagavan', 슈리 라마나스라맘, 띠루반나말라이, 1999, pp.146-151.

＊ Subbalakshmiamma, Varanasi. 라마나 스므르띠: 슈리 라마나 마하리쉬 탄생 100주년 헌납품 1980. Ramana Smrti: Sri Ramana Maharshi Birth Centenary Offering 1980에 있는 '나의 삶, 나의 빛 My Life My Light', 슈리 라마나스라맘, 띠루반나말라이, 1999, pp.194-198.

＊ Subbramayya, G.V. 슈리 라마나 회고담 Sri Ramana Reminiscences. 슈리 라마나스라맘, 띠루반나말라이, 1994, pp. 178-180.

＊ Suri Nagamma. 슈리 라마나스라맘에서 온 편지 Letters from Sri Ramanasramam. 슈리 라마나스라맘, 띠루반나말라이, 1995, pp.31-33, 328-335. (검은 소- p.61).

＊ Suri Nagamma. 슈리 라마나스라맘에서 온 편지와 회상 Letters from and Recollections of Sri Ramanasramam. 슈리 라마나스라맘, 띠루반나말라이, 1992, pp.72-77.

＊ Suri Nagamma. 산 길 The Mountain Path. 슈리 라마나스라맘, 띠루반나말라이, 1980, p.145.

＊ Suri Nagamma. 슈리 라마나스라맘에서의 나의 삶 My Life at Sri Ramanasramam. 슈리 라마나스라맘, 띠루반나말라이, 1993. pp.67-69.

＊ Suri Nagamma. 슈리 라마나 까루나 빌라삼 Sri Ramana Karuna Vilasam. (텔루구) 슈리 라마나스라맘, 띠루반나말라이

인물, 장소 & 따밀/산스끄리뜨 용어 사전

* **아비셰깜** abhishekam : 우유, 커드, 기, 과일, 비부띠 등과 같은 성찬 공물을 사용한 여신의 기름 부음.

* **아가띠** agatthi : 사원이나 다른 곳에서 보통 소에게 먹여 주는 잎이 작은 남인도의 시금치.

* **악샤라마나말라이** Aksharamanamalai : 아루나짤라를 칭송하는 슈리 바가반의 108개의 시.

* **아라띠** arati : 타오르는 장뇌의 불길이 숭배를 받는 신이나 구루 주위로 보통 원형으로 나부끼는 뿌자에서의 마무리 의식.

* **안나말라이** Annamalai : 아루나짤라의 또 다른 이름.

* **안다바네** Andavane : 오 주여! 또는 오 신이시여! ("Andavan"은 신을 뜻한다.)

* **아니** Ani : 따밀 달력에서 12개월 중의 하나.

* **아르드라** Ardra : 고정된 하늘의 27개의 낙샤끄라 중의 하나. 나따라자 신과 관련되어 있다.

* **아뜨만** Atman : 영혼 또는 지고의 참나. 가슴 센터에 살고 있는 신성한 존재.

* **박띠** bhakti : 헌신.

* **브람마짜리** brahmachari : 삶의 첫 단계를 따르는 독신주의자.

* **까나레세** Canarese : 까르나따까에서 온 사람

* **찌담바람** Chidambaram : 신성한 나따라자 사원으로 유명한 따밀 나두의 도시.

* **찐나스와미** Chinnaswami : 바가반의 (여덟 살 어린) 남동생. 스와미 니란자나난다로 입문을 받았고 나중에 찐나스와미로 불렸으며 1928년에 아쉬람 회장이 되어 1953년 그가 죽을 때까지 있었다.

* **다르샨** darshan : 구루 또는 여신을 보는 것.

* **디빠발리** Deepavali : 가을에 행해지는 주요한 힌두 축제.

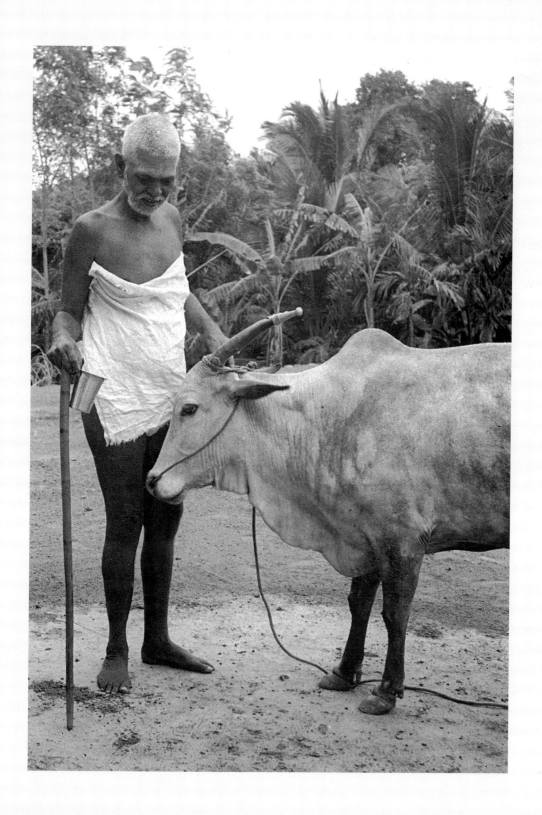

* **단야시** ^{dhanyasi} : 전통 라가 방식.

* **다르마** ^{dharma} : 베다에 의해 계획된 규칙, 길 또는 방법.

* **도띠** ^{dhoti} : 전통적으로 남자들이 입고, 허리 주위에 둘러서 발목까지 내려오는 (테두리 디자인
  이 있고 보통 흰색인) 긴 천 조각. 때로는 "렁기"라고 불린다.

* **딕샤** ^{diksha} : 입문.

* **딘디굴** ^{Dindigul} : 따밀 나두의 작은 도시.

* **드바다시** ^{dvadasi} : 음력 12일, 즉, 만월이나 신월 전 48도와 36도 사이의 달의 배치.

* **구하나마쉬바야** ^{Guhanamasivaya} : 구하나마쉬바야와 그의 제자 구루 나마쉬바야, 두 명의 성인
  이 한때 살았던 동굴. 둘은 아루나짤라를 칭송하는 찬가를 썼다.

* **고마따** ^{gomatha} : 어미 소.

* **고뿌자** ^{gopuja} : 소에게 하는 뿌자.

* **고뿌람** ^{gopuram} : 남인도 사원 단지 안에서 사원 문 통로를 내려다보는 높은 탑.

* **고살라** ^{gosala} : 외양간.

* **고우리깔야남** ^{Gowrikalyanam} : 빠르바띠와 쉬바의 결혼곡.

* **이들리** ^{iddlies} : 아침이나 저녁 식사 때 보통 매운 야채 소스와 함께 먹는, 쌀가루로 만든 작고
  둥근 케이크.

* **개 재키** ^{jackie the Dog} : 재키는 1993년에 병이 난 후에 바가반에게 간호를 받다가 그의 손에서
  죽을 때까지 몇 년 동안 아쉬람에 살았다. 재키는 작은 사마디와 함께 아쉬람 구역에 묻
  혔다.

* **자얀띠** ^{jayanti} : 보통 태어난 시간에 따라 낙샤뜨라 또는 달의 "별"에 축하되는 힌두 달력에 따
  른 생일.

* **갸나** ^{jnana} : 영적 지식 또는 지혜, 영적 지식의 길.

* **갸니** ^{jnani} : 현자 또는 참나 실현을 한 이.

* **지바** ^{jiva} : 개별 영혼.

* **지반묵따** ^{jivanmukta} : 살아있는 동안에 독립적인 자아의 환영으로부터 해방된 자. 깨달은 자.

* **까마데누** ^{kamadhenu} : 모든 욕망을 만들어내는 인드라의 천상의 소.

* **까시** ^{Kasi} : 베나레스 또는 바라나시, 갠지스에 있는 신성한 도시.

* **까뜨리** kathri : 따밀 나두의 시금치의 한 품종.

* **께라이** keerai : 남인도에서 흔한, 잎이 큰 시금치의 한 품종에 대한 따밀 이름.

* **께라이빳띠** Keeraipatti : 노년에 언덕에 있는 나마쉬바야 사원의 작은 한 구석에 살았고 1900년 초반부터 1921년에 그녀가 죽을 때까지 바가반에게 시금치를 바쳤던 훌륭한 헌신자.

* **꼬일** koil : 꼬빌kovil 또는 사원

* **꿈바비셰깜** kumbhabishekam : 보통 수리나 복구 후에 하는 사원 축성과 재헌정.

* **꿈꿈** kumkum : 흔히 사원과 숭배의 장소에서 제공되는 성찬용 주홍색 것으로, 헌신자는 그것으로 눈썹 가운데에 점을 만든다.

* **꾼주 스와미** Kunju Swami : 바가반이 스깐다쉬람에 있던 (앞에 적은 것처럼 1920년이 아니라) 1922년 1월부터, 바가반의 축복으로 바가반의 가르침을 더 깊이 추구하기 위해 사두의 거주 지역 부근의 빨라꼿뚜로 옮긴 1932년까지 바가반의 수행원으로 일했다. 바가반에 대한 이야기를 들려주는 데 있어서 사진처럼 정확한 기억과 열정으로 유명하다.

* **랏두** laddu : 특별한 행사에 차려지는 둥근 모양의 남인도의 간식.

* **링감** lingam : 인도 사원에서 숭배하는 쉬바 신, 신의 무형의 형체.

* **마두라이** Madurai : 슈리 바가반이 어렸을 때 학교를 다닌 미낙쉬 사원으로 유명한 남쪽 따밀 나두의 큰 도시.

* **마하니르바나** mahanirvana : 위대한 영혼이 육체를 떠날 때.

* **마하사마디** mahasamadhi : 성자의 매장터.

* **마하뜨마들** mahatmas : 글자상으로 "위대한 영혼들"

* **만뜨라 뿌슈빰** Mantra Pushpam : 뿌자를 끝낼 때 여신에게 바치는 성스러운 베다 만뜨라.

* **마르갈리** Margali : 따밀의 열두 달 중의 하나

* **마뜨루부떼스와라** Matrubhuteswara : 어머니의 성소로 1922년 바가반의 어머니가 매장되었고, 차후 몇 년 동안 그 주변에서 슈리 라마나스라맘이 성장했다.

* **맛뚜 뽕갈** Mauttu Pongal : 황소와 암소에게 하는 뿌자들이 행해지는 뽕갈 축제의 세 번째 날.

* **묵띠** mukti : 해방.

* **무룩꾸** murukku : 따밀 나두에서 흔한 맛좋은 간식.

* **나 까르마나** Na Karmana : 뿌자에서 암송되는 베다 찬가.

* **낙샤뜨라** nakshatra : 각각이 13과 1/3도로, 베다 점성학에 따라 고정되어 있는 하늘의 27개의 구분 중 하나에 상응하고 포함되는 "별들".

* **나마스까람** namaskaram : 일반적인 인사 형태.

* **난디** Nandl : 쉬바 사원에서 숭배 받는 쉬바의 탈 것, 황소.

* **나따라자** Nataraja : 춤추는 쉬바.

* **나얀마르스** Nayanmars : 남인도 쉬바파의 63명의 성인들.

* **님** neem : 그 잎에 약효 성분이 있다고 하는 인도 먹구슬 나무.

* **니르비깔빠 사마디** nirvikalpa samadhi : 육체의 일상적인 의식과 마음이 존재하지 않는 깊은 몰두 상태.

* **빨리 띠르땀** Pali Tirtham : 라마나스라맘에 인접해 있는, 빨리 까스떼가 판 신성한 저수지.

* **빨라꼿뚜** Palakotthu : 빨라-잭푸르트, 꼬뚜-과수원. 20년대 말에 사두의 거주지가 세워진, 슈리 라마나스라맘에 인접한 신성한 저수지.

* **빠야삼** payasam : 녹두, 설탕, 코코넛, 카다멈, 우유로 만들어지는 맛있는 남인도 간식.

* **삣짜이** Pitchai : 글자상으로 "구걸".

* **뽕갈** pongal : 끓인 달콤한 쌀.

* **삐빨** pipal : 보리수. 종교적 의미 때문에 수세기동안 숭배 받는 인도 원산의 장엄한 나무.

* **쁘라닥쉬나** pradakshina : 빠리끄리마 또는 신성한 성소, 구루, 여신, 신성한 산 또는 성스러운 장소를 보통 시계 방향으로 걸어서 도는 것.

* **쁘라사드** prasad : 여신이나 구루에게 바쳐진 후에 먹을 수 있는 형태의 성찬 공물로, 후에 헌신자들에게 나누어진다.

* **뿌자** puja : 기도와 만뜨라의 정해진 문구를 반복하는 litany 여신에 대한 의식 예배로 뒤에 아라띠가 따라온다.

* **뿌나르바수** Punarvasu : 27개의 낙샤뜨라/별 또는 달의 28수 lunar mansions 중의 하나. 슈리 라마나가 탄생할 때 달은 20도의 쌍둥이자리와 3과1/3도의 게자리 사이에 포함되는 이 부분에 있었다.

* **뿐야** punya : 공적. 선행.

* **라마나딴** Ramanathan : 그의 인생 초기에 슈리 라마나에게 와서 1946년에 죽을 때까지 남은 여

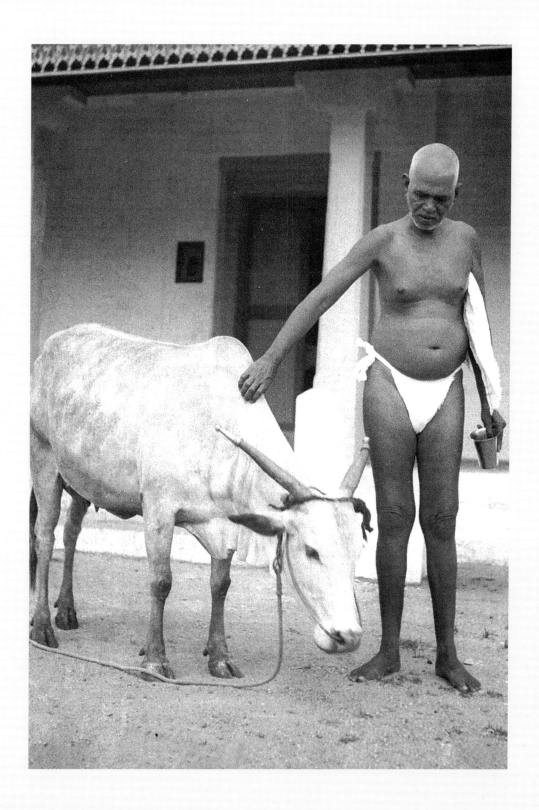

생을 슈리 바가반을 섬기는 데 보낸 바가반의 훌륭한 헌신자.

* **라감** ragam : 까르나띡 음악의 음계 또는 선율.

* **랑골리** rangoli : 보통 사원 바닥과 집이나 가게의 입구를 장식하는 꼬람 또는 흰 분필 문양.

* **라삼** rasam : 주 요리 후에 밥 위에 제공되는 풍미가 좋은 소스 또는 스프.

* **사다까** sadhaka : 영적 구도자.

* **사다나** sadhana : 영적 수행.

* **사마디** samadhi : 신성한 사람의 죽음 또는 매장터를 나타낼 수 있다. 깊은 명상 상태에 있는 것처럼 참나에 대한 깊은 몰두.

* **샹까라짜리야** Sankaracharya : 순수함과 지혜로 인해, 베다와 베단따 가르침에 따라 다르마를 가르치고 퍼뜨리도록 선택되었던 아디 샹까라 계보 중의 한 명.

* **사르까라이 뽕갈** sarkarai pongal : 아침이나 저녁 식사 때 또는 쁘라사드 같은 특별한 행사 때 제공되는, 재거리를 넣어 끓인 쌀.

* **사르바다리** sarvadhari : 따밀의 60년 중의 하나의 이름.

* **사르바디까리** Sarvadhikari : 지도자 또는 감독관. 최고 경영자.

* **샤스뜨리** shastri : 샤스뜨라(경전)에 정통한 사람.

* **스깐다쉬람** Skandashram : 1916년에 슈리 바가반과 그의 헌신자들을 위해 깐다스와미라는 이름의 헌신자에 의해 비루빡샤 동굴 위에 지어졌다.

* **수리 나감마** Suri Nagamma : 1940년대에 바가반에게 온 텔루구 헌신자로 그녀의 남동생에게 쓴 공개 편지가 후에 바가반 인생에 대해 애용하는 연대기가 되었다.

* **따빠스** tapas : 영적 열망가에 의한 고행 또는 희생.

* **따뜨바** Tatva : 그것. 영원한 신성.

* **띠핀** tiffin : 이들리, 도사이dosai 또는 뿌리puri 같은 것으로 이루어진 남인도의 간단한 식사. 아침이나 저녁 식사시간에 제공된다.

* **띨라깜** tilakam : 주홍이나 백단향 반죽으로 눈썹 중앙에 의례적인 표시를 하는 것.

* **우빠데사** upadesa : 영적 가르침.

* **바다이** vadai : 둥근 모양의 바삭하게 튀긴 풍미 있는 음식.

* **사슴 발리** Valli the Deer : 성냥갑을 만드는 상인이 슈리 바가반에게 발리가 어렸을 때 바쳐서 발

리는 아쉬람에 여러 해 살았다. 어느 날 사냥꾼들이 그녀를 잡아먹기 위해 그녀의 다리를 부러뜨렸다. 바가반과 아쉬람 주민들은 그녀를 치료하려 했지만 성공하지 못하고, 며칠 후 그녀는 바가반의 무릎에서 마지막 숨을 거둔다. 바가반과 안나말라이스와미는 언덕 기슭에 있는 계단 근처에 사마디를 지었다.

* **바사나** vasanas : 영혼 또는 기존에 있던 마음의 (이전 탄생들로부터의) 성향.

* **베다빠뜨살라** Vedapatsala : 브라민 소년들이 암기, 구전, 그리고 베다의 챈팅을 하는 베다 학교.

* **벤바** venba : 특유의 운율이 있는 따밀 시 장르.

* **비부띠** vibhuti : 오염으로부터의 정화를 상징하는 이마와 팔, 목, 머리, 가슴, 여러 곳의 신성한 재.

* **비짜라** vichara : 슈리 바가반이 가르친 것과 같은 아뜨마−비짜라 또는 자기−탐구와 같은 탐구.

* **빌바** vilva : 특히 쉬바 신을 숭배할 때 그 잎을 바치는 신성한 나무.

* **비묵띠** vimukti : 탄생과 죽음의 순환으로부터의 해방.

* **바이라기야** vairagya : 공평함 또는 비집착.

* **비루빡샤** Virupaksha : 고대 성인들이 살았고 따빠스를 했으며, 바가반이 스깐다쉬람에 정착하기 전에 수년 동안 그에게 집이었던 동굴.

* **비샤까** vishaka : 베다 점성술에 따른 고정된 하늘의 27개의 별들 또는 28수 중의 하나. 락슈미의 비묵띠 때에 달이 여기에 있었다.

◈

편집부 전체 직원은
Dennis, Christopher, Meenakshi, Shunya, Sri Lakshmi,
Narayan, Sarah, Ravi, Ramaswamy, Aine, ASK,
David, Ramesh Babu, Kumar, Siva와
이 출판을 준비하는 동안 수정을 하고
제안과 후원을 보내준 모든 사람들께 감사드리고 싶다.
이 책의 씨앗이 되고 영감을 준 Hari Hara Subramanian과 TVC에게
특히 감사드린다. 또한 V. Niranjan 교수의 귀중한 번역 노고와
따밀 판에 대한 대대적인 편집과 연구를 해 준 M.G. Balu,
그리고 마지막으로 삽화로 이 책을 장식해준
Lupa에게도 많이 감사드린다.

◈

동물들의 친구, 슈리 라마나

소 락슈미의 삶

초판발행   2020년 10월 26일
지 은 이   쁘라니 미뜨라 바가반 라마나르
옮 긴 이   김병채

펴 낸 이   황정선
출판등록   2003년 7월 7일 제62호
펴 낸 곳   슈리 크리슈나다스 아쉬람
주   소   경상남도 창원시 의창구 북면 신리길 35번길 12-9
대표전화   (055) 299-1399
팩시밀리   (055) 299-1373

전자우편   krishnadass@hanmail.net
홈페이지   www.krishnadass.com

ISBN 978-89-91596-66-5   03270